Library

茶のある暮らし

平凡社ライブラリー

Heibonsha Library

お茶のある暮らし

谷本陽蔵

平凡社

本著作は一九九三年十一月、草思社より刊行されたものです。

まえがき

中国に「開門七件事《かいもんしちけんじ》」という言葉がある。朝早く起きるとすぐ七つの物が必要だという。薪《たきぎ》、米、油、塩、味噌、酢、茶の七つである。元代のころから使われだした言葉らしいが、中国でもそのころからお茶が日常生活に絶対の座を確保した証左であろう。

これとはちょっとニュアンスがちがうが、わが国でも何でもないこと、ありふれたことをさして「日常茶飯事《にちじょうさはんじ》」という言葉が使われている。おそらくお茶が庶民の暮らしに定着したころから使われはじめたのであろうから、そんなに遠いむかしの言葉でもないようだ。

爾来《じらい》、「お茶は人類がつくった最高の飲みもの」、「自然が贈ってくれた最高の飲料」として、いつも人々の心をゆたかにしてくれるし、えもいわれぬ安らぎを与えてくれる。煩雑な現代生活を送っている人々は、そんな余裕を感じることは少ないかもしれないが、時には畳の上に坐し、静かに一服、煎茶《せんちゃ》を啜《すす》るのもよし、掌《たなごころ》に晩茶茶碗《ばんちゃぢゃわん》の温もりを感じながら喫するのもよい。

四畳半の茶室を推進した武野紹鷗《たけのじょうおう》、千利休《せんのりきゅう》設計の「待庵《たいあん》」の二畳の茶室、これらはまさに今日の庶民の「暮らしのお茶」の典型的なさきがけではないかと私には思え、いまさらながらわれわれ日本人の先人たちの知恵には頭が下がる。茶道という枠組によって、本来楽しむべきお茶が形にとらわれる側面をもつという弊害を生み出したとしても。

ところがこのお茶、「国民飲料」となって久しく、「日常茶飯」といわれているほど暮らしに密着しているわりには、意外にも多くの人々に理解されていないようにも思われる。

戦前の小学校の教科書には、知識としてのお茶の話は豊富に採用されていたように思う。とくに地理の教科書には、国産の特産物として生糸《きいと》とお茶の生産と生産地について、かなりスペースを割いて紹介していた。ところが、事情がまったく変わってしまった戦後の小中学校の教科書に、国民飲料であるお茶のことがほとんど採り上げられていない現在、現代人の大部分にお茶についての知識が乏しいのはしかたがないのかもしれない。

マスコミも新茶のシーズンになると、毎年のようにそのときどきのトピックスとともに広くお茶の話を取り上げて報道し、常識的な啓蒙活動を行っている。だが、若い人は、そのような報道には意外と関心が薄いようだ。

たとえば、おいしいお茶の淹《だ》し方などというものは、教科書やマスコミなど、外部から教えられるものではなく、もともと祖父母や両親など家族の年長者から日常それとはなしに身をもって体験的に会得《えとく》するものであろう。ところが、そのような文化とは意識されない、日本人を日本人たらしめてきた文化伝統を培《つちか》う団欒《だんらん》が各家庭で大変少なくなってしまった。むかしは学校で教えてもらえないような知識や教養、しつけの類は、家庭で、年長者からその場その場で細かく教えられたものだ。お茶の淹し方なぞということも、日常生活のなかで年長者の誰かがやっている動作を見ながら自然に覚えていったわけだから、これまでの日本人には、とりたててお茶の淹し方を習ったとか、教えてもらったという意識は薄かったろうと思う。

お茶はもともと情緒的な飲みもので、むかしから生活の必需品ではなかった。人々はお茶なしでも過ごしていけるのである。しかしながら、生活が煩雑になればなるほど、お茶を求めるようになるのは一体なぜなのだろうか。

日本人の長い歴史を通じてお茶が連綿として求められ、今日もなお親しまれているのは、お茶が日本人にある種の心のゆたかさを与えてくれるからである。願わくば、国民飲料ともいえるお茶を通じて、いつまでもよき日本の文化を保持してほしいと私は思う。つねに生活に深く根ざしてきた団欒のお茶、くつろぎのお茶、もてなしの心をあらわす一杯のお茶、すなわち「お茶のある暮らし」のなかに、ほのぼのとした心のゆたかさを感じさせるものが潜んでいると確信するからである。

そのようなお茶のよさを、ここで確認する意味で、日ごろ私が感じていることを率直に書きとめた。お茶に関するさまざまなこと――お茶にまつわる風習、お茶の木のこと、よいお茶の選び方・淹し方、お茶の歴史、お茶と水、お茶と農薬、中国茶や紅茶の話などなど、暮らしとのかかわりを通じてお茶のさまざまな面を述べさせていただいた。もとより浅学非才の身でおこがましい限りではあるが、歴史や文化史の研究者や学者、茶道の先生、あるいは漢方医の方とはちがった、茶商としての目、実務家の目で押し通したつもりである。もしこの本に取り柄があるとすれば、その点かもしれない。

なお上梓するにあたっては、先輩諸氏の貴重なご意見や、内外の多くの研究者の論文や資料、著書などを引用し、参考にさせていただいた。いちいち明記することはしなかったが、ここに篤くお礼を申し上げたい。また、賢明な読者の皆様のご叱正、ご教示を賜われば幸いである。

平成五年十一月吉日

高師浜の寓居「友楽庵」にて　谷本陽蔵

目次

まえがき……5
緑茶ありませんか……15
茶柱の立つお茶がほしいのですが……19
緑茶、このすばらしい飲みもの……26
南方の嘉木――お茶の木のこと……34
栄西が日本に伝えた緑茶とは……42
喫茶迎春――大福茶のこと……48
慶事に使われるお茶――結納茶……52
白茶と黒茶、白茶と青茶……58
日本人の新茶好き……65
緑茶からなぜ香りがなくなったのか……74
お茶の香りと品種改良――仏手種のこと……80
何がなくともお茶ひとつ……85

おいしいお茶を飲むために……92
通のお茶と暮らしのお茶……97
お茶は暮らしのよき伴侶……102
第一煎目は捨てたほうがいい？……108
人類が初めてお茶を口にしたとき……115
食べるお茶と飲むお茶……121
宇治茶はいかにつくられるか……129
お茶と農薬……135
茶聖陸羽の水を見る目……144
水道水でお茶を飲むには……152
宮水はお茶によいか……160
冷用茶を考える……165
お鮨屋さんのお茶……171
健康食としての茶粥……177

本当にウーロン茶でやせるのか……188
香りの見えるお茶……200
潮州料理とウーロン茶……208
茶芸館に見る台湾のお茶ブーム……216
猿が摘んだお茶……223
日本でつくられた紅茶の話……231
紅茶は急須で……239
若き日の利休……245
堺の大茶匠、武野紹鷗……253

解説――お茶のある幸せ、お茶の心が絆をつくる　角山榮……259

お茶のある暮らし

緑茶ありませんか

近ごろ世代の断絶からか、常識的に判断してとても信じられないような事態に出くわすことが多いが、お茶の世界でも、笑い話のような事実にびっくりすることがある。

平成三（一九九一）年八月に静岡で開催された国際茶研究シンポジウムで、緑茶が人間の健康を保つのにとてもよい飲みものだ、こんなにいろいろな成分が含まれている健康に効果的な飲みものはほかにはない、飲みものの王様であろうというのがあった。緑茶には抗ガン作用があって、飲みつづけていると、ガンにかかる罹病率《りびょうりつ》は緑茶を常飲していない人たちより五〇パーセント以上も低いという。われわれ日本人にとって、大変な朗報と受け取れる学術発表がなされたのである。これはアメリカで、ネズミによる実験から実証されたものを、改めてこのとき発表したようである。

もうずいぶん以前の話でいつごろだったか記憶にないが、わが国でも茶産地に住む人たちのほうが生産地以外の人よりもガンになりにくいという、お茶の関係者が聞いたら涙を流してよろこぶようなニュースが報道されたことがある。これは茶産地の静岡県での調査結果だったと思うが、お茶を生産している地方の人々が比較的おいしい上級茶を大量に飲んでいるのに対して、お茶のできない地方の人々や都会の人々のほうが、たしかに茶産地の人たちよりお茶を飲む機会が少ないといえるだろう。高級茶にいたっては経済のうえから考えてもそう大量には飲めないであろう。とにかく日本の茶産地に住む人たちはガンに罹《かか》りにくいことが、数字を並べて大新聞に発表されたのだったが、このときほどの反響はなかった。

このシンポジウムと同時期、コーヒーが主流のアメリカのニューヨークでも緑茶の効用が大々的に発表されたものだから、全米はもちろん、世界中を駆け巡るニュースになっただけでなく、緑茶を常飲しているわが国でも、各紙がいっせいに取り上げた。加えて国際茶研究シンポジウムで、抗ガン以外にもさまざまなお茶の効用が発表されたものだから、連日、日本の大新聞は、緑茶の記事を載せない日はないという状況だったのである。

ガンに対して人々はかなり神経質になっているから、記事が出たとたん、新聞社には多くの問い合わせが寄せられただけでなく、実際、各地のお茶屋さんの店頭でもガンとお茶の話題で沸騰したという。それによってお茶屋の売上げが増えたかどうかは定かでないが、老若男女を問わずお茶を飲む側も、改めてお茶に関心をもちはじめたことはありがたいことであった。

ところが、である。大新聞に「緑茶に抗ガン作用あり」と大きな見出しで掲載されて間もないころ、茶店の店頭に毎日必ず一人、二人から、「おたくに緑茶ありますか」とか、「緑茶がガンの予防になることを知らされたので、緑茶をいただきたいのですが」と、若い人ならまだしも、かなり年輩の方が、日ごろ飲んでいる日本茶と緑茶とが、まったく別物であると思って買いにこられたというのである。文字通り日常茶飯に飲んでいる日本茶が緑茶に属していることすらご存じのない方がたくさんおいでになるとは、驚きを通りこして、考えてみれば由々《ゆゆ》しき問題にも思える。長い歴史と伝統を誇る日本茶の基礎も基礎、ごくあたりまえの常識なのに、これは一体なんとしたことだろうか。

これと同じようなことだが、紅茶は英国で生産され、アップルティーはフランスでなどと、頭からそう信じ込んでいる人も、世間には少なくない。ところがイギリスでもフランスでも、お茶の葉は、一葉も生産されていないのである。

つい先だっても、とある都会のお茶屋の店頭で無駄話に時間をつぶしていたときのことである。若いお客がやってきて、「ふじ茶ありますか」とたずねた。

当の茶店の主《あるじ》も、「ふじ茶ですって」とお客に聞きなおしたが、うなずいて、やっぱり

「ふじ茶です」と答える。

「うちには富士のお茶はおいていません。何かほかのお茶ではいけませんか」

といったが、しばし返事がない。お客は店頭に並べてある商品を見回しながら、

「たしか中国の雲南省あたりで採れるお茶と聞いているのですが」

「雲南茶でふじ茶、はてな」

と、まだ当のお茶屋の主は合点がいかないようす。

口出しするのも悪いと思ったが、お客さんに、

「それプーアール茶（普洱茶）のことじゃないですか。それならこちらにありますよ」

といってそのお客に手渡してあげた。手に取ったお客は、

「そうそう、これです、これです」

とよろこんで、代金を払うと立ち去っていった。

お客に、「普《ふ》洱《じ》茶《ちゃ》」を中国語読みのプーアール茶と読んでもらうのはとてもむずかしいことだ。お客は漢字をそのまま音読みにして「ふじ茶」と発音していたというわけだ。当のお茶屋さんにはそのことがわからなかったのである。もし私がその場に居合わせなかったら、一人のお客を逃していたかもしれない。お客としては必ずしも間違った読み方ではなかった

し、お客さんだけに非を負わせるのは酷であろう。茶店の主としては、中国茶の日本語読みぐらいは知識として当然心得ておくべきだと思う。そしてひとこと、「そのお茶はプーアール茶という中国語の読み方が一般的ですよ」とでもつけ加えてあげれば親切だ。そこからお客との会話も生じてこようし、きっとその人はお店の常客となってくれるに違いない。

お茶の世界には、これとよく似た話がほかにもたくさんある。世間の人々のお茶についての知識が意外に乏しいことは事実である。ちなみに普洱茶は中国西南部の雲南省・広東省などで産する後発酵茶で、堆積した緑茶に水をかけて湿らせ、二、三ヵ月かけて発酵させるが、こうじ菌などはいっさい用いず地上菌により自然発酵した緑茶を原料にした、二次製品茶である。

茶柱《ちゃばしら》の立つお茶がほしいのですが

まだ肌寒い二月の末に、こんな話を耳にした。

山本陽子主演のＮＨＫの朝の連続テレビ小説『京、ふたり』は京都の老舗《しにせ》の漬物屋さんが舞台だったが、その一シーンでの話である。老夫婦が朝、お茶を飲む場面があった。

「おや！　茶柱《ちゃばしら》が立っている」

「今日は何かいいことがあるのかしら」

どこの家庭でも見られるごくありふれた場面だし、これといって問題にするような会話ではない。しごくあたりまえの言葉のやりとりである。ところがこの「茶柱が立つ」というひとことが思わぬハプニングを生んだのである。テレビでこの「茶柱が立つ」という会話が放送されて間もなく、全茶連（全国茶商工業協同組合連合会）の事務局へ電話の問い合わせがあったという。

最初は若奥様とおぼしき三十代前半の女性からである。

「茶柱の立つお茶を売っている店を教えてくれませんか」と。

つづいて三十代後半の男性からまったく同じ質問があったという。その後、静岡のテレビ局のレポーターと思われる若い男性から、

「茶柱が立つと、なぜよいことがあるのですか」

とたずねてきた。この程度の質問なら一般消費者からたずねられても不思議ではない。だが、このレポーター氏からも、さきの男性や女性と同様に、

「茶柱の立つお茶を売っている茶店はありませんか」

と聞かれたのである。これがテレビ局のレポーターからのおたずねなのだから恐れ入る。

時まさに受験シーズン。幼稚園から大学の入試まで、本人はもとより、親、兄弟ともども願いごとがかなうよう、よいことがありますようにと、藁《わら》、いやお茶をもつかむ心理はわからぬでもない。たまたまテレビドラマの一場面がきっかけとなって、祈禱茶《きとうちゃ》だの、合格茶などという幸運をもたらすお茶、すなわち茶柱の立つお茶を手に入れたかったのだろうが、まさかこんなことまで聞きにくるとは思いもよらぬことであった。

その後、百貨店に出店している私どもの店にも、同じことをいうお客があって、雁ヶ音《かりがね》（玉露《ぎょくろ》の茎茶《くきちゃ》）をすすめてみたと、店員から報告があったが、さて茎茶で茶柱が立ったかどうか。

ところで、日ごろお茶とともにある茶農や茶商のみならず一般の人々から見ても、これは噴飯《ふんぱん》ものというか、常識以前のことというか、まるで小学生程度の稚戯に類する問い合わせである。

「なぜこんな茶柱のことさえ知らないのか」

いままでならば笑い話ですまされそうだが、二十代、三十代という社会の中堅をなす人たちからの問い合わせだから、とても一笑に付すわけにはいかない。二十代、三十代がこのありさまだから、まして彼らの子供である幼い者たちに知識が伝えられるはずがないし、また知ろうともしないだろう。

「茶柱」というのは、お茶の茎ないしは茶の葉軸《はじく》のことで、玄人筋は通称「棒《ぼう》」と呼び、晩《ばん》茶《ちゃ》や川柳《かわやなぎ》（晩茶の上等のもの）などを茶碗に注いだとき、急須《きゅうす》や土瓶《どびん》の口から飛び出した縦に浮かぶお茶の茎をさしていうのである。物理的にいうと、茶の茎の一方が重く、重心が下のほうにあって、あたかも釣糸につけて水面に浮かせる「うき」のように縦に浮かぶことから、「茶柱」と比喩的に呼んだのだ。だから横になって浮くお茶の茎は、決して茶柱とはいわない。

そもそもお茶摘みのさい、むかしの煎茶《せんちゃ》や玉露などの高級茶は、今日のバリカンのような自動茶摘み機で刈られたのではなかった。茜《あかね》だすきに菅《すげ》の笠と、唄の文句にもあるように、一般には婦女子の手で丁寧に摘まれたものなのだ。すべてが手摘み茶だったのである。だから茶茎の混入することも少なかったし、おまけに葉茶につくり上げたあとも、わずかにお茶の葉に混入した茎を手選《てよ》りといって、目でたしかめながら丹念に手で拾って葉と茎を選別した。それほど手間をかけたのだから、茶柱が立つことはまず考えられないほど確率が低かったわけである。

　これに対して一番茶を摘んだあと刈り取られた晩茶には、茶茎やお茶の棒がたくさん混じっているものと相場が決まっている。植木の葉刈りのように鋏《はさみ》で刈り取るからだ。そういう晩茶でも急須や土瓶の注《つ》ぎ口からたまたま飛び出た茶茎が茶碗の湯面に棒杭のように必ずしも縦につっ立って浮かぶとは限らない。重心のバランスが崩れた茶茎だけが、縦に浮かぶのだから、本当に稀にしか立たないものなのだ。だから「茶柱が立つ」というのは、大変めずらしい現象で、家の柱が立つという縁起からもおめでたいものとされてきた。

　さらに上方《かみがた》あたりでは、茶柱が立つと人さまに言わずに、食事どきならそっと箸《はし》でつまみあげ、ひそかにふところに入れておく。そうすると、いっそうよいことがあると、縁起をかつぐ風がある。

　近ごろは、急須や土瓶も「とも茶漉《こ》し」といって注ぎ口の根元部分からお茶の葉や茎が出ないように、細かく穴を開けて焼かれたものや、金網やビニール製のネットが取りつけられたものが出回っているので、茶茎どころか、お茶の微粉さえ飛び出ないようになっている。そのため茶柱ばなしも、むかしのようにはいかないわけだ。このような事情がおそらく今回の事件の遠因であると思われる。

「茶柱が立つ」という言葉が、いつごろから用いられたかはわからないが、少なくとも葉茶、なかでも晩茶の類がつくられ、庶民のあいだで茶瓶や土瓶、あるいは薬缶《やかん》が使われて、お茶の葉をつまんで飲みはじめたころからであろう。そうだとすればそんなに古い言葉でもないと思われる。ちなみに晩茶とは読んで字のごとく晩《おそ》く摘まれたお茶で、新芽のお茶ではなく大きくなった茶葉《ちゃよう》でつくる下級茶である。

これと似たような話がいま一つある。

ある新婚間もない家庭へ、北海道の名産の「百合根《ゆりね》」の新鮮な掘りたてを食べてもらおうと送ったところ、すぐお礼の電話があった。そこまではよかったのだが、それからが問題なのだ。

一年あまりたって、百合根を送ったことなどとっくに忘れていた贈り主へ、くだんの新婚家庭の奥さんから手紙が舞い込んだというのである。それは昨年頂戴した百合の根からみごとな花が咲きましたという礼状であった。これも贈り主から実際に聞いた話だからフィクションではない。当の贈り主も開いた口がふさがらない、一体、いまの若い人は何を学んできたのだろうかと、嘆くことしきりだった。

さきの茶柱の話といい、百合根の話といい、私らの世代の者にとってはとても真面目に聞けた話ではない。

わが国の国民飲料であるお茶が、小学校や中学校のどの教科の教科書にもほとんど採り上げられず、したがってお茶の何たるかも知らず、そのまま成人する人々のいかに多いことか。そんな人たちに、これからお茶を飲んでいただこうというのだから、どだいはじめからむずかしいことなのだ。おそらく彼らの世代のつぎの時代になれば、はたして私たちの暮らしのなかでのお茶の存在はどうなっているのだろう。

お茶の知識の普及、お茶の文化の伝達、啓蒙などを広く知らしめる活動を怠ってきたこと、すなわちお茶に携わるすべての人の長年の怠慢は、悔いを千載《せんざい》に残すのみならず、世人のお茶に寄せる心さえも希薄にさせるのではなかろうかと心細いかぎりである。

機会あるごとに、根気よくお茶に関することを話す。ある人にとっては、つまらない茶ばなしでも、いまの若い人にはめずらしい話題であったり、新鮮な知識や情報となり得るはずだと思って私は機会あるごとにつづけている。これも一つのお茶の文化の伝達だと思うからである。

お茶に関係するすべての人は、お茶を飲むこと、お茶と暮らしとのかかわりや、お茶の文化などのことを国民の一人一人に知ってもらうにはどうしたらいいかを、もっともっと真剣に考えてみる必要があるのではなかろうか。日本人の精神《こころ》に深い影響を与えつづけてきたお茶が、このような状態に留まっていてよいはずがない。「茶柱が立つ」という一つの言葉をきっかけに、親と子が話し合うことが大切だし、その話を通じて日本人の精神の根に当たるものが受け継がれていくのであろう。そういう精神と深くかかわっている飲みものが、お茶なのである。

緑茶、このすばらしい飲みもの

人類とお茶のかかわりは、たしかな記録の上からでは二千年あまり以前とされているが、中国の神話や想像の世界からは五千年の歴史があるのではなかろうかと考えられている。ところでこのお茶は、一体なぜそんなに長いあいだ飽きもせず人々の暮らしに溶け込んで、今日にいたるまで飲まれてきたのであろうか。

中国の神農《しんのう》の時代からお茶は薬として飲まれてきたようだし、これがお茶の誕生の一番説得力のある動機であろう。

薬もお茶も飲むことを「服《ふく》する」というし、お客があるとき「一服《いっぷく》いかがですか」などとお茶をすすめたり、薬の一回分の分包を「一服」ともいう。また、毒を「一服盛る」とも表現する。腰を落ち着かせてくつろぎ休息することを「一服する」と動詞として用いることもある。体の疲れを癒《いや》すためにお茶を一服飲むことにあったのだろう。実に含意のあるところである。近ごろ、自然飲料だの健康飲料などといって、人間の健康を保持するうえでよい飲みものだともてはやされた「あまちゃづる茶」とか、「どくだみ茶」などなど、お茶でないお茶が市販されているが、それらのなかには一過性の流行のものが多く、たいてい短いもので一年、だいたい二、三年の寿命で市場から消え去っていく。

またわが国で紅茶が飲まれてきた歴史は、緑茶の歴史に比べれば、きわめて新しい。紅茶は百年あまりの歴史で、今日のように飲まれてきた過程にも戦争などで紆余曲折《うよきょくせつ》はあったが、廃《すた》れることなく飲まれて今日にいたっている。わが国のウーロン茶にいたっては、長い歴史のあるお茶でなく、ついひと昔まえに出現したばかりの新しいお茶である。はじめは他の健康飲料のように健康ブームの波に乗って、やがてはやりの一過性の飲料と同じ命運をたどり、消え去るのではないかと心配されていた。ところが缶ドリンクという本場の中国人が考えつかなかった冷やして飲む形になって加速度的に増加し、それにやせる、ダイエットにいいというような利便性にも人気が出て、ついにはペットボトルに変身し、依然として緑茶と共に無糖飲料の王座をほしいままにしている。このウーロン茶にしても紅茶にしても、いずれも安心して飲めるのはお茶以外の何ものでもないからである。

緑茶にしろ、ウーロン茶にしろ、紅茶にしろ、そして普洱茶も、すべて同じお茶の木の葉っぱからつくられる。実際には紅茶は紅茶に適した品種、ウーロン茶はウーロン茶に適した品種、緑茶は緑茶に適した品種があって、それぞれその特性を生かして用いられているが、すべて「茶」という同じ植物からつくられることは間違いない事実である。そして人類とのかかわりの長い歴史のなかで、お茶はいいものだと、言わず語らず人々に認められてきたからこそ、長く飲まれつづけているのである。

なかでも緑茶には近年すばらしい効用のあることが、科学的な研究によってつぎつぎに発表され、これまでなんとなく体にやさしい飲みものだとされてきたことが実証された。それを最近、新聞、雑誌、テレビやラジオなどマスコミがしばしば取り上げて報じたものだから、緑茶の効用が大きくクローズアップされてきたのである。

いままではお茶の効用なぞ、とりたてて話題にされたことなどなかったのである。私の子供のころ、祖父や両親から「お茶屋には、むかしからはやりやまい（流行病）はない」という話をいつも聞かされてはいた。そんなことが暗示になっているのか、私なぞ、もうかれこれ五十年近くも風邪をひかないし、インフルエンザが流行したときも、家族のうちで一番よくお茶を飲む私だけは素通りしていった。緑茶には細菌やウィルスの感染防止に効果のあるカテキン（タンニンの一種）が作用するからであろうか。緑茶には不思議な効き目があるようだし、そのほかにも、すぐれた点はいっぱいある。

そもそも緑茶は、半酸化（半発酵）のウーロン茶や完全酸化の紅茶とちがって、お茶の鮮葉の酸化を極力嫌う製法だから、茶畑からお茶の葉を摘んで製造工場へ運ばれると、葉に含まれている酸化酵素の活動をできるだけ早く停止させるため、蒸すか釜《かま》で炒《い》るか、いずれも熱を加えて、酸化し褐変化するのを防ぐのである。そして球状か細長く針状に揉《も》みながら乾燥して製品とするわけだ。お茶の葉の緑を極力失わないようにつくるのである。これはお茶の葉がもつ健康によい成分や栄養を閉じ込める大変すぐれた製法で、緑茶が紅茶やウーロン茶などの酸化せしめた茶より断然よいといわれるもっとも大きな理由である。

われわれが日常飲んでいる抹茶《まっちゃ》、煎茶《せんちゃ》、玉露《ぎょくろ》、晩茶などは緑茶に属さない別の異なったお茶のように思われておられる方もあるかもしれないが、それらの日本茶はすべて総称して緑茶である。焙《ほう》じ茶ももともと青い緑茶を褐色になるまでローストしたものである。日本茶にはさまざまな種類があり値段にも開きがあるが、ほとんどのものは蒸製の緑茶なのである。

　かたや紅茶の作り方は緑茶とはまるで正反対である。お茶の鮮葉（生葉）を加熱することなく萎《しお》れさせ（萎凋《いちょう》）て、お茶の葉が紅《あか》く酸化するのを助長するため、揉捻《じゅうねん》といって揉むことによって、葉面の細胞を破壊して傷をつけ、酸化をうながして、最後に乾燥する。製造工程中お茶の葉を揉むのは、緑茶でも紅茶でもウーロン茶でも、お湯を注いでいれる場合、いずれもお茶の出をよくするためである。土瓶やポット、急須でいれるお茶には、揉むという工程が絶対必要なわけだ。茶葉を蒸して揉まずに乾燥するだけの抹茶の原料になる碾茶《てんちゃ》は、粉末に加工する段階で茶葉を砕き、茎《くき》や葉軸《はじく》を取り除いて茶臼《ちゃうす》で挽《ひ》いて粉末にして飲むから、お茶の出にかかわりがない。だから揉まなくてもよいわけだ。

　もう一つの半酸化茶のウーロン茶は、お茶の鮮葉をしばらく太陽の光に晒《さら》して萎れさせ（日光萎凋《にっこういちょう》）、ついで長時間（八時間あまり）室内で萎凋して、徐々に茶葉の水分を減らし、葉が縁辺から三〇パーセント程度酸化してきたところで釜炒《かまい》りして加熱し、それ以上の酸化が進むのを停止させる（殺青《さつせい》または炒青《させい》ともいう）。半発酵茶と呼ばれているが、半酸化茶とするのが正しい。紅茶のように紅く葉の全体を酸化させないで軽く酸化させる製法である。

　いずれにしても紅茶やウーロン茶は、軽重の差はあってもともに萎凋という工程でお茶の葉を酸化させるので、摘まれた葉をただちに殺青する緑茶と比べ、ビタミンB群やビタミンCは極端に少なくなり、紅茶にいたっては、美容（肌）や動脈硬化予防にすぐれた効果のあるビタミンCはほとんど失われてしまう。このように青い緑茶には保健成分が断然多く残されているわけである。

一般に紅茶やウーロン茶は香りで飲むお茶、緑茶は味で飲むお茶だといわれている。前者は酸化させているので、同じお茶の木からつくられているにもかかわらず、緑茶とはまったくちがった特有の高い芳香があり、お湯を注ぐとお茶の湯色（水色という）が紅い。差こそあれ、ウーロン茶もそれに近い水色のお茶である。香りで飲むお茶は熱湯をかけると、いっそう高い香りを放つ。紅い水色は酸化したカテキンがお湯に溶け出した色である。

一方、味で飲む緑茶は、もともと香りは高くはないが、熱いお湯を茶碗に一休《ひとやす》みさせて、少し温《ぬる》めのお湯でいれると、お茶の水色は萌黄色《もえぎいろ》というか、やや淡《うす》いめの青みがかった黄金色に出る。これはお茶の葉から滲《にじ》み出た緑茶のカテキンなのである。

緑茶は酸化させていないから、紅茶やウーロン茶のように紅く出ないし、おまけに湯ざましして温めのお湯でいれるものだから、元来香りの薄いお茶が、いっそう香気が乏しくなるのは当然ながら、まったりした（マイルドな）甘味が出て、日ごろ渋茶とか苦茶などと悪口をいわれているのに、これがお茶なのかと驚くようなうま味を味わえるのである。お湯の温度が高くなるほど（摂氏六〇度から七〇度以上）、カテキン（渋味）やカフェイン（苦味）の成分が溶け出して、強い苦渋味を感じることになる。

「水出し玉露」とか「水出し煎茶」などと市販されているお茶があるが、時間をかけてじっくりと水で出すお茶は、とてもおいしいものだ。ちょっと気の長い話だが、大きめの急須に玉露をたっぷり入れ、微温湯《ぬるまゆ》や水のかわりに、かき氷か小さな氷塊を詰め込む。氷がほぼ自然に溶けるまで二時間ほど待ち、小さいグラスなどに入れて、静かに口に含んで舌の上で転がすようにご賞味あれ。思わずあっと驚くほどのうまさと、後口《あとくち》に長く残る芳醇《ほうじゅん》で上品な香味は、さすがに緑茶は飲みものの王様と実感なさるに違いない。これは緑茶の純粋な自然の味なのである。真夏の絶好の飲みものとして、必ず気に入っていただけるお茶のいれ方の一つである。ぜひおためしください。

ところで、このうまさは緑茶の味の主成分である「テアニン」というアミノ酸の一種で、昆布や化学調味料のうま味の類、グルタミン酸に属する成分なのである。とにかく緑茶だけがもつ独得の味覚がテアニンと呼ばれるものだ。ちなみにテアニンは高級茶ほど多く、下級茶になると少なくなるから、一概にはいえないが、値の高い上級茶ほどおいしいというわけだ。

カテキン、カフェイン、テアニンという緑茶の三大成分によって、緑茶の香味がつくられるばかりでなく、同時にこれらの三大要素に加えて、緑茶特有のビタミンCやB群、そしてさまざまなミネラル成分などによって、ガンの抑制作用に強くはたらいたり、動脈硬化や心臓病などの成人病を予防したり、ウイルスや細菌の感染を防止するなど、いろいろな効用がつぎつぎと研究発表され、それこそ太古から薬として用いられた動機のお茶が、ここにきて改めて見直されている。それだけではない。これからも緑茶のすばらしさについての新発見の可能性は大であるとの見方もある。

むかしからお茶をよく飲む人は長生きだといわれてきたが、緑茶の効用の数々が発見されることによって、しだいにお茶と長寿の神秘が実証されることを期待したいし、それまではせいぜいしっかりとお茶を飲んで楽しみに待ちたいと考えている。

南方の嘉木《かぼく》──お茶の木のこと

「茶者南方之嘉木《かぼく》也。一尺、二尺廼至数十尺。其巴山《はざん》、峡川《きょうせん》、有両人合抱者、伐而掇之」「茶は南方の嘉木である。木の高さ一尺（三〇・三センチ）、二尺から数十尺に至るものまである。その巴山や峡川のものには、二かかえほどのものがあり、そのようなものは枝を伐《き》って葉を採《つ》む」（布目潮渢、中村喬編訳『中国の茶書』の現代語訳）。

茶聖陸羽《りくう》が七六〇年ごろ書いたといわれる茶の聖典『茶経《ちゃきょう》』の巻頭に述べられている有名な一節である。お茶の研究を志す者、お茶のことを少しでもくわしく知ってみたいと思う者は、必ずこの『茶経』を読まねばならなくなる。それほどお茶の勉強に欠くことのできない書物なのである。

千二百年あまりもまえに書かれたという書物にしては、お茶の起源から始まって体系的に、しかもきわめて要領よくお茶の全書的な書物としてまとめられていて、今日にいたるまで依然として光彩を放っている名著である。陸羽が住まいしていた浙江省や湖北省の華中あたりから見ると、古くからお茶の木が自生していた雲南省、四川省、広東省、福建省などはたしかに南方に位置するには違いない。陸羽先生は、そんなお茶の木をいみじくも「南方の嘉木」といって巻頭に書かれたことは大変含蓄の深いところである。お茶がもつよさのすべてを、この嘉木という一語で表現しているからである。

陸羽はお茶の木の高さ一尺、二尺から数十尺に達するものまであると指摘している。わが国の茶畑のように肥培管理《ひばいかんり》がゆきわたった肥えた茶園を見ていると、一、二尺というお茶の木は、いささか小さすぎると思われる人も多いだろうが、肥料も少なく、自然のなすがままの野生に近い広大な中国の茶畑では、たいてい一、二尺という貧弱なものが、いまでも多い。

そもそもお茶の木には大別すると二種類あって、庭の垣根のように、せいぜい大きくなっても人の背丈ぐらいしかならない灌木《かんぼく》(低木)に属する小葉種と、喬木《きょうぼく》(高木)といって二十メートルにも三十メートルにもの高さにまで伸び、太く大きく生長する大葉種とがある。

低木のお茶の木は、葉が小さいので小葉種といわれ、一般に緑茶やウーロン茶をつくるのに適している。中国に産するお茶の大部分は、この小葉種のお茶の木からつくられる。平安から鎌倉にかけて、留学僧栄西《ようさい》らによって中国からわが国に伝えられたお茶の木も、実はこの灌木に属する葉形の小さな小葉種だったし、今日の日本茶もすべてこの流れを汲む小葉種でつくられている。

かたや背が高く太い巨木で大きな葉をつける喬木の大葉種に属するお茶の木は、陸羽が二かかえもあるといっているほどのもので、中国四川省、貴州省、雲南省あたりの山間部に多く分布している。お茶の木のルーツも実はここらにあるといわれているが、成熟した大きな葉は、大人の靴底ぐらいの大きさがあって、葉肉も厚い。実はインドで発見されたアッサム種（十九世紀前半）など、紅茶作りに適したお茶の木はこの大葉種なのである。

小さい葉っぱの小葉種のお茶の木は、あまり大きくならないので手で摘むのも容易であり、緑茶作りにはもってこいである。緑茶の茶摘みは「一芯二葉《いっしんによう》」摘みといって、産毛《うぶげ》のような白い毛で覆われている小枝の先端の、槍《やり》の穂先のようなまだ開葉しない一芽《ひとめ》と、そのすぐ下の二枚のやや開いた若葉を一緒に摘む。中国の浙江省杭州《こうしゅう》に「旗槍《きそう》」という名の名茶があるが、これは一芯一葉摘みの典型で、槍《そう》はやり、旗《き》は槍の穂先につけた旗《はた》になぞらえて命名したものである。

一概にはいえないが、一般に高級緑茶は、俗にミル芽（静岡県浜松地方の方言で若い芽のことをいう）であればあるほどよいお茶とされ、お茶の葉の大きさとお茶の新芽の香味（ミル芽《め》香《か》）を絶対のものとして高級茶のランクづけや価値判断の目安にされている。中国緑茶の

「碧螺春《ピーロウシュン》」、「龍井茶《ロンチンチャ》」、あるいはさきの「旗槍」などは、中国緑茶の代表でミル芽の雄であり、わが国の玉露や煎茶も同様に、ミル芽を基準にして多くは評価されている。

かといって、紅茶作りに適したアッサム種などの大葉種は、葉が大きいから小さな芽を摘めないというわけではない。紅茶もまた緑茶と同じように「一芯二葉」摘み（紅茶の世界では top two leaves and a bud といい、この摘み方を fine plucking と呼んでいる）が厳格に行われていて、よい紅茶の条件には、細かい芽（ペコー）が入っていることであり、ペコーの香りの高いものがよろこばれている。

インドやスリランカのアッサム種（大葉種）は、よく管理され、つねに剪定《せんてい》されているので、樹高も低く、手で摘みやすい。一方、野生に近い樹齢三百年から八百年の雲南省西双版《しいさんぱん》納《な》南糯山《なんださん》あたりの大葉種はとても大きく、茶樹に梯子《はしご》をかけたり、よじ登ったりして茶摘みをするか、お茶の枝を伐り落として茶葉を摘んでいる。わが国では想像もできない茶摘み風景である。

ところで、ウーロン茶にも、大葉種から中葉種、小葉種と一連のお茶の木の種類があって、そのなかに数々の多彩な品種がある。

たとえば烏龍種《ウーロンしゅ》の茶葉《ちゃよう》でつくられるものは烏龍茶、鉄観音種《てっかんのんしゅ》でつくられるお茶は鉄観音茶、水仙種《すいせんしゅ》（半喬木の大葉種、茶葉がとても大きい）の茶葉でつくられるものは水仙茶となる。要するに、品種茶それぞれを単独に摘んで製品化する「単独採製《たんどくさいせい》」という独得の製茶のしかたが、よいウーロン茶の条件になる。

下級茶は、一概にはいえないが、ブレンドされたものが多いと考えればよい。戦後「色種《サーチヨン》」というウーロン茶の名称ができ、わが国に輸入されているが、これなどは単独採製できず、比較的産量の多くない、いろいろな品種茶を混ぜ合わせたお茶の総称なのである。

さて、このウーロン茶の茶摘みは、さきの緑茶や紅茶のようにミル芽を摘むという一芯二葉タイプではない。芽や若葉が完全に開いた状態の、三葉ないし四葉摘みが、ウーロン茶（青茶）の基準である。若い芽はウーロン茶作りに必要がないというわけだ。ミル芽は萎凋《いちよう》のとき、いち早く紅《あか》く酸化してしまうので、酸化を平均化するため、すべてが開いているお茶の葉を摘むことになる。このウーロン茶の摘み方を「開面採《かいめんさい》」といっている。

私の工場のまわりに三十株ほどの鉄観音種やウーロン種などが、日本の「やぶきた種」と混じえて植えてある。その年の仕入れのため、お茶の芽立《めだ》ちや、生育状態を、私なりに判断する目安にしているのだが、ウーロン茶の木からは私の手で採《も》み上げた自慢のできる国産ウーロン茶が毎年できる。ところが、それらのお茶の木のあいだに、山梔子《くちなし》も数株植えてあるが、お茶の木とよく間違える人がいる。ことに一重《ひとえ》の山梔子は葉が小さく、ちょっと見にはお茶の木とてもよく似ているからだ。半喬木の水仙種も数株あるが、私の背丈ほどに伸びていて、まだまだこれから大きくなろうとしている。お茶の木はカメリヤ・シネンシスといって椿科《つばきか》に属する植物だが、木の大きさといい、葉の恰好といい、実に椿の木によく似ている。お茶の木を見慣れている人でも水仙種を見すごすことがあって、「これがお茶の木です」と説明すると、「こんな大きな葉をもつお茶の木があるのですか」と驚かれる。

お茶の木は、もともと亜熱帯性植物で照葉樹林帯にあり、一般に山間僻地《へきち》に育ったものがよいとされている。陸羽も栽培茶より野生のお茶が上であるといっている。よいお茶は平野部のものより、朝夕の温度差が大きくて、やや冷涼の山間部（ただしわが国では海抜五百メートルくらいまで）で、河川に沿った比較的水捌《みずは》けのよい、しかも湿度の高いところが適地だとされている。わが国では年平均気温が摂氏一五度ぐらいのところがよいようだ。

有名なお茶処を思い浮かべてみよう。たいてい近くに大きな河川があって、朝夕、霧や靄《もや》がかかるところにあるようだ。静岡県大井川上流の川根茶《かわねちゃ》をはじめ、天龍川、安倍川上流の本山茶《ほんやまちゃ》、京都府の宇治川の宇治茶、木津川（淀川）の上流、奈良県の月ヶ瀬茶《つきがせちゃ》、三重県北勢《ほくせい》および南勢茶《なんせいちゃ》、福岡県八女茶《やめちゃ》、佐賀県嬉野茶《うれしのちゃ》などは、いずれもこれらの条件を備えている。

山間部は、平坦部のように一日中、茶畑に陽光が当たるわけではなく、霧や靄によって自然に太陽光線が遮《さえぎ》られて、適度な日照を木に与えるからである。平野部でも玉露や碾茶《てんちゃ》（抹茶をつくる原料茶）や冠茶《かぶせちゃ》（準玉露）などの高級茶をつくるさい、人工的に葭簀《よしず》や藁《わら》、菰《こも》や寒冷《かんれい》紗《しゃ》で木を覆い、陽光を遮って栽培するのは、山間部の自然状態に近くさせるためと、渋味や苦味の成分を少なくし、うま味の成分であるアミノ酸（テアニン）を増加させるためである。玉露や碾茶、藁掛け冠茶などは、もともと太陽の直射を嫌い、覆いした茶園のよく肥えた芽で製造されたものである。

お茶の木の根から吸収した養分が、陽光を遮ることによってお茶の葉に多く留まって、お茶だけがもつテアニンというグルタミン酸のうま味を増加させるのである。ちなみに玉露はこの葉を蒸して揉みながら乾燥したもの、碾茶は茶葉を蒸し、揉まずに乾燥したもの、冠茶は、被覆する期間が玉露（約二十日間）より短く一週間から十日の、玉露でもなく煎茶でもない中間のお茶で、準玉露に属するお茶である。かつて熱湯玉露と呼ばれたお茶はこの類のお茶である。

さて、もう一つよいお茶をつくる条件がある。それは土壌の問題である。一般にお茶の木にはpH5前後の弱酸性土壌がもっともよいといわれているが、科学的に土壌の改良技術が進歩し、茶農もよく勉強しているので以前より問題が少ないようだが、むかしから粘土、砂、じゃり混じりで、岩石が風化した土壌が、水捌けもよくお茶の木の生育によいとされてきた。ということは海岸に近いところや新幹線沿いの、車窓から見える町中《まちなか》や平野部の茶畑は、一概にはいえないが、よいお茶ができる立地ではないようだ。

さきにあげたわが国の有名茶産地も、場所と土壌のよさが第一だが、それと相まって、先人の知恵と経験による長い実績の積み重ねによってつくられてきたものだ。天（気象）、地（土壌）、人（人の和と技術）の調和が、よいお茶を生むことになる。私は若いころから世界の茶産地をたいてい歩いてきたが、どの国の有名茶産地でも、そこで緑茶を製造しようが、ウーロン茶をつくろうが、紅茶を生産しようが、いずれもわが国の有名茶産地と同様に、古くからお茶の適地でないところを無理に開拓したりせず、ただ自然が導くままにお茶の生育にもっともよい条件を備えているところだった。中国福建省の武夷山《ぶいさん》しかり、台湾の凍頂《とうちょう》しかり、インドのダージリンもまたそうである。

栄西《ようさい》が日本に伝えた緑茶とは

ふだん何げなしに飲んでいるお茶は、意識して喫茶三昧《きっさざんまい》に耽《ふ》けるというよりも、幼いころから飲む習慣があるから、なんとなく飲んでいる、水や空気と同じような存在である。一般的にはお茶の知識などどうでもよく、関心のないのがあたりまえになっていて、開きなおって改めてお茶についてたずねられると、あれも知らない、これも知らないという人が案外多いのではなかろうか。そこで日本にもたらされたお茶の歴史を一瞥《いちべつ》してみよう。

まずわが日本列島に、もともとお茶の木があったのかなかったのか、学者のあいだでもなかなか議論の絶えることのない問題である。

太古からわが国に自生していたという自生説と、お茶の故郷中国から渡来したという伝来説にわかれるのである。名古屋の名城大学の橋本実氏らの説によると、お茶の木はもともと中国大陸南西部の山間、雲南省西双版納《しいさんぱんな》あたりから長江《ちょうこう》(揚子江《ようすこう》)に沿って東進し、照葉樹林生育の可能な東の端のわが国に伝来したのだと、お茶の葉の形質的研究によってそう断じられている。そしてわが国の山間部に、あたかもむかしから自生してきたように見られる山茶のある付近には、必ずお茶栽培の歴史があり、かつて栽培されていたものが野生化したものと断定して、自生説を否定している。私自身も、この伝来説を強く支持したいが、照葉樹林帯の植物分布から見て、自生の可能性の余地がまったくないとはいえない。この点については後学に待つよりほかはないが、ちなみにわが国に近い現在のお茶の自生の北限は、台湾の南投県の中央山脈あたりにあるとされている。また、わが国のお茶の栽培の北限は青森、秋田県とされているが、市場性のあるお茶の木の北限は福島県か茨城県あたり、日本海側では新潟県までであろう。

かといって、かりにお茶の木がわが国に自生していたとしても、お茶の葉を摘み、製茶してお茶を飲むというまで、われわれ日本人の先祖が人智をはたらかせて喫茶の文化をつくり上げたとはとうてい考えることはできない。喫茶文化は奈良、平安、鎌倉初期の留学僧らの手によって中国から伝来されたものであり、お茶の木が自生したかしないかということと、お茶を飲む文化とはまったく別の話であろう。

中国の神話には、神農のお茶の話などいろいろ伝えられているが、人類がはじめてお茶を口にしたというたしかな歴史的記録は、紀元前五九年、四川省で、『僮約《どうやく》』という雇用契約書に、今日の「茶」の字より一画多い「荼《と》を買う」という文字で始まるといわれている。この「荼」というのは苦菜《にがな》を意味するそうだが、わが国の正倉院文書のなかにも「荼」という文字が見られる。だが、それはどうやらお茶ではなかったというのが大方の見方である。

わが国の歴史に、お茶というものがたしかに登場し、喫茶の歴史が始まったのは、遣唐使が往来した天平・平安時代、八、九世紀のころで、永忠《ようちゅう》、空海、最澄らの留学僧らの手によってお茶の製品や種子が持ち帰られたのであろうとされている。

おそらくこのころは、中国盛唐時代に普及していたお茶が伝えられたのだから、その製法や飲み方については七六〇年ごろに書かれた陸羽《りくう》の『茶経《ちゃきょう》』に詳細に述べられている「餅《へい》茶《ちゃ》」という固形茶であったろう。遠く中国から時間をかけて持ち帰るのだから、今日のお茶のように嵩《かさ》のある葉茶《リーフティー》ではなかったはずである。当時すでに粗茶《あらちゃ》という今日の晩茶のような葉茶が存在したことは『茶経』にも記されているが、その粗茶ではなくて持ち運びに便利で、しかも品質が変わりにくい固形茶であったろうと思われる。

この餅茶の飲み方はまず軽く火に炙《あぶ》り、手でほぐすか、固いものはナイフなどで削り、むかし薬屋さんが用いていた薬研《やげん》（お茶の場合はあえて茶研《ちゃやげん》という）に入れ、茶葉を砕いて粗い目の粉末にし、鍋や釜に入れて、塩、しょうがなどを加えて煮出し、なおそのうえに龍脳《りゅうのう》といって、今日の樟脳《しょうのう》のような板状結晶の香料などを添加、茶盌《ちゃわん》に汲み入れて飲むというもので、決して今日の茶の湯に用いる抹茶のようなものではなかった。

十二世紀末葉に、栄西禅師〔永治元～建保三 一一四一～一二一五〕が二度にわたる入宋《にっそう》より帰国し、わが国にお茶の栽培から製茶法の実際を伝えたことはわが国の喫茶史上忘れることのできない事件である。時に一一九一年、いまから八百年あまりまえのことである。そのお茶作りの詳細は、栄西の有名な「茶は養生《ようじょう》の仙薬《せんやく》なり。延令《えんれい》の妙術《みょうじゅつ》なり」で始まるわが国初の茶書である『喫茶《きっさ》養生記《ようじょうき》』に述べられている。

この書にあるお茶の製法は、まず鮮葉を蒸し、揉まずに乾燥させるという今日の碾茶《てんちゃ》と寸分たがわぬ作り方である。中国の固形茶は唐代の餅茶から南宋時代の団茶《だんちゃ》へと、いっそう緻《ち》密《みっ》になって発展していくのだが、栄西は団茶の込み入ったむずかしい製法を避け、蒸製の葉茶の製法を選んでわが国に持ち帰ったのである。

このお茶はまさしく緑茶の製法で、茶葉を砕いて茶臼《ちゃうす》で挽《ひ》き、その粉末を茶盌に入れて湯を注ぎ、茶筅《ちゃせん》で攪拌《かくはん》して飲むという、今日の茶の湯の源流ともいえる飲み方なのである。とにかくお茶の鮮葉を蒸すのは、中国では明代以前の製法とされていて、現代の中国茶から見ると古い形のものだ。今日のわが国にのみ残されている緑茶（碾茶）の製法に間違いないオーソドックスな製茶法である。

ところが、今日、九州の佐賀県嬉野《うれしの》や熊本県、宮崎県地方に見られる釜炒《かまい》り緑茶の製法は、十七世紀はじめごろ、わが国に渡来してきた中国人（明国人）により指導された現代の中国式緑茶の製法である。わかりやすくいえば、フライパンで野菜をいためるように、大きな平釜に茶の鮮葉を入れて熱を加えながら茶葉を焦がさないように手早く攪拌し、茶葉に含まれている酸化酵素の活動を素早く停止させて、まるく揉みながら乾燥させるという中国緑茶の基本製法である。この種のお茶はわが国では一名グリ茶、または、玉緑茶《たまりょくちゃ》といって、茶葉の形が針状に伸びた煎茶《せんちゃ》とは異なり、少し丸味を帯びた球状に近い形のもので、佐賀県嬉野の特産茶としてとくに有名な緑茶である。ちなみに現代の日本の煎茶は、半球状の玉緑茶に対して「伸茶《のび》」と玄人仲間でそう呼ばれている。

明国人の指導を得てつくられた釜炒り緑茶だから、往々にして中国の古い形の緑茶製法とよく誤解されるが、決して古式の中国茶製法の流れを汲むものではない。わが国のお茶の鮮葉を蒸す製法こそが、中国の伝統的な緑茶の製法を踏襲し、今日にいたったものなのである。

お茶の故郷中国には現在、葉を蒸して緑茶をつくる明朝以前の伝統古法を採用しているところはほとんどない。すべてのお茶は釜炒り製法と考えて間違いない。日本向けの煎茶のみが蒸製茶《じょうせいちゃ》である。

わが国の九州地方の中国式釜炒り茶、すなわちこの現代の中国緑茶の製法は、一般的に見て日本緑茶の蒸製タイプよりは遥かに新しい製法なのである。ちなみに中国の蒸製の茶が、釜炒り茶に変わった経緯を述べておこう。

洪武二十四（一三九一）年、明の初代皇帝朱元璋《しゅげんしょう》（太祖、一三二八〜一三九八年）は、それまで朝廷に進貢されていた手の込んだ龍団鳳餅《りゅうだんほうへい》などの高級な固形茶をつくることを慎むようにとの禁止令を下した。高等技術を必要とし、茶農民に重労働を課すというのがその理由である。その後、朝廷に貢納するすべてのお茶は、若芽を摘んで釜炒りした散茶《さんちゃ》（葉茶《リーフティー》）を製造することになった。千年以上もの歴史のある従来の伝統的な蒸製茶が、いちおうここで終止符を打ち、当時の中国茶製法に画期的な変革をもたらすことになった。以後、中国茶は固形茶から脱して釜炒り散茶（ばら茶）となって今日にいたっている。

かといって、中国には明朝以前に蒸製茶ばかりで釜炒り茶がなかったというわけではない。またすべてが固形茶を粉末にして茶の湯形式で飲んでいたわけでもない。陸羽の『茶経』にも、釜炒り散茶がつくられていたことが認められるし、「淹茶《えんちゃ》」という葉茶に湯を注いで飲むという現代に通じる飲み方もすでに当時採用されていた。中国古典茶書にある固形茶は、当時の宮廷ないし上流階級のためのお茶であり、一般庶民はもっぱら製法の簡便な散茶である葉茶を用いていたものと推測できる。いわば明初の製茶タイプの変革の話は表向きの公式話として素直にそう理解しておけばよいと思う。

とにかくこの時点で、公式には蒸製茶に一線が引かれ、釜炒り茶となった経緯は歴史的事実としてたしかなことである。

喫茶迎春──大福茶《おおふくちゃ》のこと

人間がもっとも快適に過ごせる気温は摂氏一七度といわれている。食べものも飲みものも、このあたりを境にして好みも量も変わってくる。ことにお茶を飲む量はかなり上下してくる。気温が低くなれば温かいお茶が好まれるようになり、ことに寒い冬の朝茶の一服は、抹茶とか煎茶《せんちゃ》を問わず清々しくて実においしいものである。

中国の宋代（九六〇～一二七九年）に劉元甫《りゅうげんぽ》という人が乱世を嫌い、五祖山《ごそざん》に籠もって、ひとり風流な生活を送り、数寄《すき》の道を楽しんでいたが、文字通り本来無一物、友人が訪ねて行っても茶盌一つしかなかったので、一盌に数服もの茶を点じて一同で飲み回して友情を深めたといわれる。これが今日の茶道における濃茶《こいちゃ》の回し飲みのはじめだそうだ。禅宗の茶礼では「和服飲《わふくいん》」とか「相和飲《そうわいん》」などとも呼び、二服以上の茶を点じて飲むことを「大服茶《おおふくちゃ》」または「大福茶《おおふくちゃ》」ともいっている。四月の半ば、大和西大寺の有名な「大茶盛《おおちゃもり》」で、頭がスッポリと入ってしまいそうな大きな茶盌に竹箒《たけぼうき》のような茶筅《ちゃせん》で茶を点《た》て、何人もで回し飲みしている模様が毎年のようにテレビで放映されている。弘安五（一二八二）年正月、歳首修法《さいしゅしゅほう》を行った叡尊《えいそん》〔建仁元～正応三 一二〇一～一二九〇〕が、結願《けちがん》の十六日に西大寺の境内の鎮守八幡宮に茶を献じ、その余抹を参会者に飲ませたのに始まる行事だが、見てごらんの通りの「大服茶」であり、「大福茶」なのである。

　ところでお正月が近づき寒さがきびしくなるころ、お茶屋さんの店頭は一年中で一番賑々しくなる。お歳暮の贈答品と、お正月に必要な大福茶が買い求められるからである。さきの大福茶とはちょっとニュアンスがちがうが、おめでたい新しい年のはじめ、お正月の最初の家庭の行事として初水《はつみず》（若水）を汲んでお湯をわかし、お屠蘇《とそ》やお雑煮をいただく前に、梅干や結び昆布を添えたおめでたい祝い茶を飲み、新しい年の満福と息災《そくさい》を祈念《きねん》するしきたりがある。地方により、家によって多少のちがいがあるものの、日本の家庭の古い元朝儀礼の一つである。

お隣りの中国でも「元宝茶《げんぽうちゃ》」とか「福円茶《ふくえんちゃ》」といって、家が円満で幸福であることを願って、お正月に祝い茶を飲む習俗がある。広い中国のことなので地方によっては多少のちがいもあろうが、中国南部の福建省、華中の浙江省、江蘇省あたりでは、蓋《ふた》のある「蓋碗《がいわん》」と呼ばれる茶碗に、龍井茶《ロンチンチャ》などの高級茶をはさんだ、二つ割りにした橄欖《かんらん》（中国語でオリーブのことだが、西洋のオリーブとは異なる）の実を一つないし二つ入れ、そのままお湯をかけるか、茶の湯をかけて元旦にいただく習慣がある。また正月中、年始にやってきたお客人にも必ずこうした祝い茶（橄欖茶）を出して、たがいに幸福で健康であることを祝うのである。

このような風習は、お茶の伝来とともに中国からわが国へ導入されたものかどうか定かではないが、わが国にはわが国の史実にもとづいた大福茶の由来がある。古くから今日にいたるまで、宮中でも正月の伝統行事として伝承されているのだから、ただの伝説的な習俗でもなさそうである。

天暦五（九五一）年春、都での話である。京の町には疫病《えきびょう》がはやり、たちまち手のつけられないほど蔓延《まんえん》していった。赤痢か悪性のインフルエンザであったろうか。当時、大衆とともに実践的な宗教活動をして都人に大変尊敬されていた六波羅蜜寺《ろくはらみつじ》の空也《こうや》上人〔延喜三～天禄三 九〇三～九七二〕

に、悪疫退散のための祈禱《きとう》をせよとの朝廷からのご下命があった。上人は日夜懸命に祈願をしたが、その効なく死亡するものが続出し、疫病は鎮まるどころかますます広がっていった。上人は十一面観音像を安置した台車にお茶を積み、連日、京の町を引き回して町角に立って祈禱をするとともに、洛中洛外の道俗の人々に薬用として梅干を添えたお茶を施した。そうするうちに、さしもの悪疫もしだいに小康状態に向かったという。この功徳《くどく》にあやかって、時の村上天皇が毎年元旦にお茶を服されるようになったので、天皇が飲まれることから「王服茶」と呼ばれるようになり、その後、一般庶民もこれにならったという。

この王服茶のゆえんはもう一つあって、天徳四（九六〇）年、村上天皇が病に罹《かか》っていっこうにおもわしくなく、不快にお悩みのとき、上人は六波羅蜜寺の観音菩薩に供えた祈禱茶を天皇に奉ったところ、たちまち全快されたという。天皇様がお飲みになったお茶なので、人々は後に「王服茶」とも「皇服茶」とも呼ぶようになったといわれる。

それはともかく、さきの市民の大勢がこのお茶を飲んで病が癒《い》え、命を助けられたことからおめでたい「大服茶」、あるいは「大福茶」と転じて用いられるようになったと伝えられている。

『年表 茶の世界史』（松崎芳郎編著）の九六〇年の欄に「王服の茶ここに始まる。これより観音供御の茶を日本国中元旦に喫する例となす。是を大服茶、あるいは大福茶となす」(『紫野巨妙子の書』)とある。また元禄八(一六九五)年の『本朝食鑑』によると、「本邦正月元旦、鶏鳴に早起し……碾茶《うすちゃ》中に梅干一箇を入れて飲む、呼んで大福と称して之を祝す。福服和訓通じ叶うの義なり、此《こ》れ本邦、王公より庶民に至るまで、歳初の佳例となす」とあるから、かなり古くからの習俗と思われる。

この例からも知られるように、平素あまりよいお茶を飲用することのない人でも、せめて年のはじめの正月だけは、とっておきのおいしいお茶を喫して清々しい春を迎え、旧年の邪気を払って新しい年を祝福してもらいたいと願うこと切なるものがある。お茶は人類がつくった最高の飲みものであり、むかしから養生の仙薬、長寿の妙薬だからである。

慶事に使われるお茶——結納茶《ゆいのうちゃ》

二月のはじめになると節分がめぐってくる。節分とは本来、季節の変わり目を意味し、立春、立夏、立秋、立冬の前日である。ところが春になるよろこびが大きいためか、節分といえば、とくに立春の前日を指すことが多い。この日、柊《ひいらぎ》の枝に鰯《いわし》の頭を刺して戸にはさんでおいたり、炒《い》った大豆を撒《ま》いたりして厄払《やくばら》いにしたりする。そして翌日が立春。この日から節目《ふしめ》の日とし、暦の上での春となるわけだ。

新茶の売出しに「八十八夜摘み」としているのは、立春から数えて八十八日目の朝に摘まれた茶葉でつくられるからである。この日に摘んだお茶をいただくと一年中息災《そくさい》だといわれ、このころのお茶は味も香りもしっかり成熟してくる。

お隣りの中国には、古くから春節（旧暦一月一日）、清明節（民族掃墓節、新暦四月五日）、端午節（旧暦五月五日）、中秋節（旧暦八月十五日）など数々の節日が定められているが、なかでも中国人は、年のはじめの春節をいちばん大切にしている。

わが国では年越しは季節の分かれ目として新年同様に新しい門出の日であると、結納《ゆいのう》式や結婚式には最高の日とされている。また正月元朝に、大福茶《おおふくちゃ》を服し、新しい年の息災を祈念《きねん》する習俗が古くから受け継がれているが、立春にも同様に福茶を飲む家もある。

ところで、関西を中心に一般に「お茶を挽《ひ》く」、「茶々《ちゃちゃ》にする」、「お茶を濁《にご》す」、「茶化《ちゃか》す」などといって、結納や結婚などの慶事にはことのほかお茶を敬遠し、昆布茶をよろこぶともじってそのかわりに出すところが多い。お茶はもっぱら仏事用、法事用とする考え方が支配的のようだ。

ところが、中国大陸の各地や漢文化がおよんでいる東南アジアの各地、ミャンマー、かつてのビルマや朝鮮半島、わが国の北九州地方には、結納に欠くべからざる一品としてお茶が婿側から嫁側に贈られるならわしがある。一般的な日本人の予想に反して、お茶が慶事に用いられているのは実におもしろい。お正月の大福茶もまたおめでたいお茶なのである。

中国において結婚にお茶のかかわりができたもっとも古い記録は、唐朝二代目太宗の貞観十五（六四二）年、当時第三十二世チベット王、松賛干布《しょうさんかんぷ》が都の長安を訪れて縁組を求めたところ、太宗は宗室（一族の総本家）の養女、文成公主《ぶんせいこうしゅ》を嫁がせることに決め、漢民族の儀礼にしたがって、嫁入り道具として陶器、紙、酒、茶などを持参して輿入《こしい》れさせたといわれる。もっともお茶は湖南岳州《こなんがくしゅう》の名茶と伝えられているが、当時の朝廷では貢茶《こうちゃ》による超高級品の餅茶《へいちゃ》を用いていたから、一般庶民のお茶とはちがった固形茶であった。貢茶とは朝廷に献上されるお茶である。そしてこの婚姻が漢民族とチベット族との友好の始まりであった。お茶が二つの民族のかけ橋になったことは実に意義深い。

当時は今日とは逆で、女性が男性にお茶を贈るという北方漢民族独得の形式にしたがって行われ、これを「茶礼」と呼び、やがてこの「茶礼」という言葉が結婚式の代名詞にさえなっていった。ちなみに、嫁が携え持参する嫁入り道具のすべてを「下茶」と呼んでいたという。

一方、華南地方で「茶礼」というのは、男性が女性に結納式に贈る結婚の約束であるお茶を指してそう呼んできた。見合いのあと互いに気に入ると、仲人を通じて双方の気持ちを伝え、茶礼の日を定めて男子が嫁にお茶を贈ることになる。したがって茶礼は、男女の婚姻成立の大切な儀式となった。そしてその後の元、明朝時代の結婚式の様式に大きな影響をおよぼすようになり、今日にいたるまで大切にその習慣が伝承されている。ことに雲南省あたりの少数民族のあいだの茶礼は、男性が贈るお茶によって、嫁側が男性の労働能力を評価する重要な判断材料となっているほどである。このように唐朝以来、お茶は男女の結びつきに欠くことのできないおめでたい品として、いまなお重要な地位を占めているのである。

かたやわが国では、中国からそのむかし、もっとも早くお茶が導入された北九州地方の福岡、佐賀県と隣りの熊本県などでは、中国と同様に今日でも結納にお茶をとりかわす儀式が伝えられている。たんに言葉の遊びでお茶を忌み嫌うのではなく、お茶というものをよく理解し、いわれとか文化的な面のみならず、科学的根拠にもとづいてお茶が重要な婚姻のシンボルとして取り扱われている点は注目に値する。

そもそもお茶の木は、挿し木や取り木（圧条法《あつじょうほう》）、あるいは種子植え（実生植《みしょうう》え）、いずれの場合でも、苗木に育った若い段階で茶畑に一度だけ移植することによって立派な成木となって、よいお茶の葉が得られる。茶樹の根は一般に、土壌に垂直に深く、かつ細い糸のような支根が左右縦横に伸びてしっかり固定するから、大きくなると移植できなくなる。つまり女性が生涯でただ一度だけ他家に嫁ぎ、しかも婚家にしっかり根づくようにという縁起にもつながっているのである。

またお茶は、一年中緑で落葉もなく、風雪に耐え、刈られても摘まれても、やがて春の訪れとともに新しい芽を吹き出す、きわめて生命力の強い植物であるから、嫁入りをしてどんな苦境、苦難に出遭っても、くじけず耐え育つお茶の木のようになれかしという願いもこめられていよう。さらにお茶の木は、品種にもよるが、比較的地域順応性に富んで根づきやすく、育ちがよいため、嫁が婚家になじんでくれるだろうといった思いもある。

また福建省や台湾あたりでは、結婚式を終えた新婦が最初になすべき仕事として、婿側の家族や親族に、お茶を点じて出す古い慣習があるようだ。

中国の浙江省や江蘇省あたりでは、新婚初夜を過ごした翌日、新婦が婿の両親に、「奉茶」といって、お茶を点じて差し上げなければならない。おそらくこれは初夜の契《ちぎ》りがうまくいったという報告の意味もあるのではないかと思われる。そしてそこから新しい二人の生活が始まる。〝嫁は二家の茶を飲まず〟という縁起から、親族、家族ともそれに合わせて差し出されたお茶を飲まず、茶碗がめぐってくると「紅包《ホンパオ》」といって銭《かね》を入れた赤い祝儀袋を嫁が差し出した盆に置き、新婦と慶びをわかって、互いに幾久《いくひさ》しいお付合いを願うのである。

これと似た風習が、わが国の北九州地方にも残されている。嫁入りした新婦が、婿の母らの案内で、近所や親戚へ挨拶まわりに行くさいに、「くばり茶」といって、顔つなぎのお土産《みやげ》にお茶を配って歩くしきたりがある。やはり婚家になじみ、根をおろすという縁起からであろう。

むかしは一度しか浸出できないような安ものの晩茶《ばんちゃ》を結納やくばり茶に用いたそうだが、これも二度出してはならないという縁起をかついだものである。だが、今日では「添茶《そえちゃ》」といって、別によいお茶を持参するようになった。また仲人のお礼にも、必ず酒一升（一生に通ずる）にお茶をつけて縁結びの労をねぎらう風習も、福岡県筑後地方に残っているという。これらの習慣は、中国からわが国へのお茶の伝来とともに入ってきたものかどうかたしかではないが、少なくとも中国の習俗に影響されたものであることは間違いない。

とかく人間は勝手なもので、その場のつごうでお茶を悪く考えたり、茶柱《ちゃばしら》が立つなどといって縁起をかついだりする。よきにつけ、あしきにつけ「お茶」が引き合いに出されるのは、暮らしに欠くことのできない大切な地位を占めているからであろう。お茶は仏事と頭から思い込んでいる方々は考えなおして慶事にも重宝される縁起のよい品であることを、ゆめゆめ忘れないでいただきたい。

私事で恐縮だが、長女が嫁ぐとき、婿の父がなかなかの学者で、お茶と婚姻の出会いの中国の故事をよく知っておられ、私どもが古い茶商ということもあって、先方から婚礼の引き出ものにお茶を差し上げましょうという提案があった。これはしたりと、とっておきのお茶を準備したことを思い出す。お茶を婚礼の引き出ものにしたのは、大阪のリーガロイヤル・ホテル始まって以来のことだと係の者から聞かされ、いささか淋しい気がしないでもなかったが、和菓子やケーキなどより日もちがして重宝すると、出席者によろこばれた記憶がある。くだんの婚礼とお茶の由来を一筆書き添えたことはいうまでもない。

白茶と黒茶、白茶と青茶

白といえば清廉潔白とか、清潔、純潔を意味するし、黒白《こくびゃく》をつけるといえば、是か非か、有罪か無罪かが問われ、白は一般的にはよい意味をあらわしている。一方、黒は、それとは正反対で、暗黒とか黒幕とかというように悪いイメージに用いられ、不祝儀を連想させる色である。

お茶の世界にも「白茶」とか「黒茶」と呼ばれる種類のお茶が、細分化された中国茶の分類のなかに見られる。白と黒とのイメージからすれば、「白茶」は感覚的に美しく、「黒茶」といえば、潜在的に汚らしいお茶だと受け取られるかもしれない。

白茶《パイチャ》とは、一般に釜炒《かまい》りもせず揉《も》みもせず、他のお茶とはまったくちがった方法で、できるかぎり白い芽茶（ごく若い芽のお茶）の自然の形態をこわさずにつくる微酸化のお茶で、福建省の「白毫銀針《はくごうぎんしん》」や「白牡丹《はくぼたん》」などはその典型である。お茶の芽の一つ一つは産毛《うぶげ》のような微細な白毛で包まれ、艶のある銀白色に輝いたお茶である。ネコヤナギの新芽を細長くしたようなものを想像していただきたい。

かたや黒茶《ヘイチャ》とは、後発酵茶といって、いちおう出来上がった緑茶の粗製茶（荒茶《あらちゃ》）を湿らせて、時間をかけてカビを増殖させ、発酵させた二次加工のお茶である。雲南省の大葉種の茶葉を固めた固形茶や普洱茶《プーアールちゃ》などがこの種のお茶に入るわけだが、ダイエットにいいお茶ながら、カビ臭いというイメージも一方にはある。発酵にはこうじ菌などいっさい用いず、地上菌で自然発酵するまで時間をかけて待つ。

白茶、黒茶は中国茶の話だが、わが国のお茶の世界にも白茶《しろちゃ》、青茶《あおちゃ》のどちらがすぐれているかの論争があった。

抹茶《まっちゃ》の茶銘には「○○の白」とか、「○○の昔」などのように、「白」とか、「昔」をつけるものが多い。今日、一般に「白」と命名されたものは抹茶のなかでも薄茶《うすちゃ》（薄く点じた抹茶。ふつう一人で飲む）に多く、「昔」は上等の濃茶《こいちゃ》（薄茶に対して濃く点じた抹茶。ふつう一人で飲まずに回し飲みする。一般に濃茶には高級抹茶を用いる）に名づけられるのがならわしである。

小山茂樹氏の示唆するところによれば、小堀遠州《こぼりえんしゅう》〔天正七～正保四（一五七九～一六四七）〕は宇治茶の命名に深く関与し、彼自身、白茶を好んだせいもあって、「白」の字を茶銘によく用いたその名残りだという。ここでいう白茶とは、江戸時代の後期の古文書によると、現代より一週間も早い、立春から数えて八十日目の四月二十五日ごろにつくられていた宇治の早摘み新茶で、まだ緑の乗らない未成熟で黄色い芽葉を摘み、碾葉《うすは》をつくって臼で挽《ひ》きあげた白っぽい抹茶である。このお茶に「白」の銘をつけたという。そしてこの白茶というのは、青茶に対してそう呼んだというのである。

わが国では抹茶がますますさかんに用いられた桃山時代のころから、すでにどうすれば青い茶がつくれるかが課題だったといわれるが、それもお茶の色は白いより青いほうが視覚的にいっても美しいからだろう。いつの時代でも人間の考えることは同じで、現代人とまったく同じ心理がはたらいていたと見える。

ほうれん草をゆがくとき、少量の重曹を加えると、お湯はアルカリ性となって、より鮮やかな緑色が得られる。これと同じように灰汁《あく》でゆがくと、お茶の葉は鮮やかな緑色になる。灰汁はアルカリ性だからで、これを湯引製法《ゆびきせいほう》という。今日、重炭酸ソーダや重炭酸アンモニウムなどのアルカリ性の液体を蒸し機にたらしながらお茶の鮮葉を蒸し、青い茶に発色させるのとなんら変わらない手法が、十六世紀の末か十七世紀の前半にすでに採用されていたのである（今日ではこの湯引製法は禁じられている）。

古田織部《ふるたおりべ》〔天文十三～元和元／一五四四～一六一五〕がこの発色茶である青茶を好み、さきの遠州は早摘みの白茶を好んだらしいが、双方のあいだに青茶、白茶の論争があったかどうかは知る由もない。けれども今日でさえ同様の問題が論議されているのだから、当時の数寄者《すきしゃ》のあいだでさまざまな意見が闘わされたことは想像にかたくない。

爾来《じらい》、この手法の青茶が人々のあいだでかなり好まれてきたようだが、明治十七（一八八四）年、茶業組合準則によって発色製茶法は、天然自然であるべきお茶の真の姿ではない不純な添加物混入茶として、その製造が禁止されている。とはいえわが国の発色茶のルーツは、実にいまを去る四百年余りも以前に、青茶としてすでに存在していたのである。この青茶が将軍家にも献上されているのだから、当時はよほど珍稀なお茶としてもてはやされていたのであろう。

「茶は見るものにあらず、飲むものなり」

というお茶の真髄が早い時代から色褪《いろあ》せ、今日にいたってもその心情が支配的だということは実に嘆かわしい。織部好みの踏襲といえば聞こえはいいが、このような見た目の茶作りが現在でも依然として闊歩《かっぽ》しているのははなはだ残念なことである。

ちなみに「初昔《はつむかし》」と命名されたお茶は白茶だったというし、後でできた青茶は「後昔《あとむかし》」と命名されて将軍家へ献上されたと伝えられている。献上茶に「昔」という字がつけられたから、その後も高級抹茶の濃茶の銘に「昔」が使われるようになったという。

また俗説によれば、「白」という字は、百に一足りないから九十九というわけで、立春から数えて九十九日目の五月十日過ぎの葉からつくったお茶である。覆いの期間が短いだけ、抹茶としては「昔」よりも成熟度の足りない、内容的にも充実度が劣るお茶のため、「白」

の茶銘は薄茶につけるというのである。

これに対して「昔」という字は廿日ないし廿一日と読める。二十日とは抹茶（碾茶）の茶摘みの時期で、煎茶《せんちゃ》の茶摘みの時期である八十八夜（例年は五月二日ごろ）から二十日経過したという意味である。うま味の多い抹茶にするために、抹茶用の茶畑には太陽の直射を避ける覆いがかけられるが、二十日経過して摘んだ茶葉は色艶もよく成熟した味わいのお茶となる。

まあ、これは一つの俗説だが、私はまんざら根拠のない話ではないと思っている。俗説とはいえ科学的だし、今日のお茶の作り方に当てはまる、もっともな話だからである。

〽夏も近づく八十八夜……　あれに見えるは茶摘みじゃないか……

唱歌の「茶摘み」は広く愛唱されているが、八十八夜とは立春から数えて八十八日目の夜で、この歌の普及とともに八十八夜すなわち茶摘みと思っている人が多い。しかし、八十八夜という用語はもともとお茶のみにかかわってできたものではない。中国の農暦《のうれき》のようなもので、「八十八夜の別れ霜《わかれじも》」といって、このころに晩霜《おそじも》の降りることが多く、農産物にとって一番の大敵である霜の害に注意を促すためにいわれだしたものらしい。あるいは農家で種を播《ま》く一つの目安とするための日でもあるという。そのような習慣が歳月を経て、いつの間にか、ちょうど時期が一致する新茶とのかかわりを深くしていったのであろう。

　ところで私事で恐縮だが、「白」といえば、先だって私どもの元大番頭が九十九歳の白寿《はくじゅ》を迎えたので、ぜひとも祝いの席に来てほしいと招かれたことがあった。一族で祝賀の宴が開かれたのである。私どもに勤めて四代にわたる主《あるじ》につかえたというだけあって、わが家の生き字引のような人である。若いころから根っからの健康人だったし、好き嫌いもなく、ついこのあいだまでかくしゃくとして茶業に従事してきた。骨組がガっちりとして身体も大きく、一まわり小さくなったというものの、六十キロ以上の体重だとか。九十歳のころでも、四十キロ入りの茶箱を軽々と持ち運びしたほど元気そのものであった。

　明治二十七（一八九四）年生まれで、当時小学校は四年制であった。卒業してすぐ、わが家に丁稚《でっち》奉公《ぼうこう》に来て、間もなく私の親父が生まれて抱いてもらったというから、正真正銘、わが店のぬしである。以来、茶業にあって八十有余年、根っからのお茶好きで、まさにお茶とともに人生を歩んできた数少ない人だ。その間、かたときもお茶から離れたことはなく、常に座右に茶盆を置いて、お茶を喫するという自適の日々を送っていた。人から長寿の秘訣をたずねられると、必ず、

「お茶を飲んでいるから元気なのです。お茶は養生の仙薬、延寿の妙薬。長生きしたければ

みなさんお茶を飲むことです」

と答えていた。百八歳を「茶寿」という。茶の字の草冠《くさかんむり》の二十と八十八で百八というわけだ。願わくば、きんさん、ぎんさんに負けることなく茶寿といわれる百八歳以上生きてもらいたいと願っていた。文字通りお茶を喫して長生きをしている、お茶が健康によい標本のような人だからである。残念ながら百三歳でこの世を去ったが、実にわが社の誇りの一人であった。

日本人の新茶好き

お茶屋さんには年に三度ばかり大変忙しい時期がある。まず八十八夜（五月二日あたり）前後の新茶の出回り時、つぎがお盆前の中元ギフトの時期、そして年末のお歳暮の売出し時期から正月用の祝い茶として使われる大福茶につづくときで、この三度が茶商のかき入れ時というわけだ。

なかでも走り新茶の売出し時は、原料茶の仕入れと販売が一緒の、それこそ売りと買いでてんてこ舞になるから、お正月がすむと間もなく新茶を売るための準備に取りかかる。今年の新茶のポスターはどうしようか、走り新茶を入れる袋のデザインをどう変えようか、折込み広告の文案を何にしようかなど、それぞれの店がそれぞれの企画に頭を使う。やがて四月になると、暖かい南の生産地から、〝今年の新茶ができました！〟、われこそが一番早い新茶とばかり、初摘みの大走り新茶五十グラム程度の試飲サンプルが作柄《さくがら》や進展具合、そして各社が観測した茶況予想とともに送られてくる。それらの情報を検討しながら、産地や消費地のお茶屋さんはそれぞれその年の策を立てる。この四月の新茶は、いわばお茶屋にとってのお正月、年のはじめというわけだ。

私の家では、これらの進呈された新茶のすべてをまず先祖の霊に供え、

「新茶が出はじめました。今年もよい仕入れと販売ができますように」

と、その年の商売繁盛を祈念《きねん》する。これは古くからわが家代々のしきたりである。この新茶の到来時には、前年の営業成績がよかろうと悪かろうと、すべてをご破算にして、全国の茶商はそれぞれスタートラインに並ぶことになる。茶商すべてがまた新たに一年生になったつもりで、その年の新茶に向かってスタートするわけだ。

四月下旬ともなれば、全国どこでも「新茶」と大書した染め抜きの幟《のぼり》を店頭に立て、走り

新茶の売出しが活発になる。大走りの新茶は一日でも早くと競って摘まれるから芽が若く、お茶の葉は成熟していない。かといって芽のない茶葉を摘むわけではない。数あるお茶の品種のうちでも早生《わせ》品種に属する芽伸びの早いものから、順次、奥手《おくて》のものへと摘み移るわけだ。早いものには香味の点でいま一つ問題のあるものもないわけではないが、早いものほど稀少価値があって珍重され、法外に高く売れるからだ。だからといってビニール栽培や温室育ちのものは生産性が低いだけでなく、値は高いし、それほどおいしくもないから市販の対象になるほどはつくらない。興味本位や販売演出のためにつくる人はあっても、一般の茶農は、いまのところほとんど興味を示さない。バイオの研究が進み、やがてお茶の栽培工場ができたとしても、それはそれほど変わらないのではなかろうかと思う。たとえ雪の降るような時期に製品になっても、新茶という季節感がないからである。めずらしいだけでは、よほどのもの好きでなければお客がつかない。このへんが、お茶と他の農産物との少しはちがうところだろう。トマトやキュウリ、ナスなどのような野菜と同一に論じられないのである。ちょっとお高くとまった、こだわりのある農産物だからであろうか。

もし新茶というだけで飛ぶように売れるのなら、温室やビニール栽培でもってすればいとたやすいことだし、とうのむかしから一般化していたはずである。でも一キロの製品をつくるには、生《なま》のお茶の葉が五キロ必要だから、設備規模も大変なことになる。とても採算に合いそうもない。たとえ話だが、もし白菜を乾燥させて一個分の量をお茶のようにするためには十個以上の白菜が必要になる。十分の一になるわけだ。農産物、わけても嗜好品であるコーヒーや紅茶に比べると、おしなべて日本茶ほど高価なものはないといえるが、生の白菜のように加工しないものと比べると、お茶はそれほど高いものではない。

大走りの新茶は一般に薄味なのに、新芽の灰汁《あく》が強く、胸につかえて、私たちでさえ何杯も飲めないものだ。そして香りがゆたかであると思われているが、実はそれほどでもないのである。とすると香りも建前の香りだといえなくもない。馥郁《ふくいく》たる新茶の香りといわれてはいるが、実際にはそれほどでもないとなると、新茶は季節感に敏感な日本人の、潜在意識にある初物《はつもの》に対するイメージそのものかもしれない。それほど日本人は、むかしから走りの、初物が大好きなのだ。

正月が過ぎてまだ寒いころ、料亭などで早掘りの若筍《わかたけ》が出ることがある。これなども、ああ、もう春だなと、春の息吹きを感じはするが、めずらしく柔らかいだけで腰がなく値段のわりにはそれほどうまいものとは思えない。やはり少しは堅くても、歯ごたえのある旬《しゅん》の筍のほうが、春の香りがゆたかでおいしいものだ。漢字で竹冠《たけかんむり》に旬と書く由来そのものである。

ところで最近の日本茶には、人々に香りを満足させるようなものが少なくなり、焙炉香《ほいろか》(焙煎香《ばいせんか》または火香《ひか》)で匂いづけをしなければならないお茶になってしまった。これは生産性を重視し、茶葉の量産を図った結果である。一般に肥料を多く与えると、お茶の香りはしだいに失われることになる。この大原則が近ごろ忘れ去られている。おまけに成熟しないうちに早摘みするものだから、いっそう香りが乏しくなる。

むかしから立春から数えて八十八日目を八十八夜と呼んでいる。この日(五月二日ごろ)に摘んだお茶を飲むと、一年中、無病息災で長生きできるといわれる。八十八夜のお茶は走り新茶としてもよく成熟し、香味もゆたかで、しかもめずらしさの域から脱していないというわけだ。そもそも走り新茶は四月の初めごろから、沖縄、種子島など南の島嶼部《とうしょぶ》から始まって、鹿児島の平坦部へと移り、しだいに海抜の高い山間部(海抜五百メートルぐらいまで)へと移動する一方、桜前線と同じように日を追って日本列島を北上する。茶産地として、土壌や環境の一番よい近畿地方の早場所あたりの摘採期に達するのが、ちょうど八十八夜のころになる。むかしから本当においしいお茶は、この八十八夜ごろから以後のものと相場が決まっていた。関西の山手の茶産地や静岡の山間部の茶園あたりも、そのころがお茶摘みにもっとも適した時期というわけだ。いずれにしても、お茶のこのような事情を知って、初物好きも結構だが、慌てず急がず、タイミングを見きわめて買い求めることが上手な走り新茶の買い方だろう。

八十八夜といえば、お茶の世界では、「別《わか》れ霜《じも》」といって、このころの晩霜《おそじも》が一番心配される。茶芽が出揃って、間もなく茶摘みをするところだから、霜にやられる公算も高いころだ。ことに暖冬異変の年は怖い。

前の晩、天高く晴れ上がって、すっきりした夜空に星のきらめきがはっきりと認められ、無風状態で、しかも宵のうち摂氏六、七度という低温で冷えれば、翌朝、必ずといってよいほど降霜《こうそう》が見られる。防霜ファンという背の高い扇風機が茶畑に林立しているのをごらんになられた方もあると思う。これは茶樹の上部に人工的に風を送って、降霜を防ぐためである。時霜が降りると、朝日があたる東面や東南面向きの茶畑は、決まって晩霜の被害を受ける。時間の経過とともに、空豆《そら》の枝葉やさやが黒くなるように、太陽が昇るにしたがって、お茶の葉がちぢれて焼けただれ、被害が大きくなる。一夜にして新茶が全滅することもあるから恐ろしい。晩霜を受けた茶畑は、弱った茶樹の回復を促《うなが》し、つぎの芽が一刻も早く出るようにと追肥《ついひ》をやったり、害虫がつかないよう農薬を散布したり、よけいな手間と管理が必要になる。

茶摘みができないほど被害を受けた茶畑は、収穫が極端に少なくなる。地方紙などには「被害甚大」などという大きな見出しで報じられ、こういうところが続出すると、私のところにも各地からの一番茶の減収のニュースが刻々入ってくる。

しかし、比較的被害が少なく、軽く霜あたりした茶畑では、脇芽《わきめ》といって、文字通り葉と茎の脇から新芽が萌え出て、意外や増産が期待されることがある。われわれ茶商の世界では「不作に買いなし」といわれるが、この脇芽は天が自らなせる災いを、天自らが助けるところがおもしろく、人間の努力が相まって、増産がもたらされるのである。とはいえこんな年の一番茶は、「一半《いちはん》」、あるいは「一茶半《いっちゃはん》」などといって、一番茶が摘まれて四十五日後に製造にかかる、いわゆる二番茶に近いお茶で、たいてい品質はよくなく、香りはさらに薄く、多少の渋味や苦味のあるお茶になる。

近ごろのように暖冬がつづき、春が早く訪れる年ほど晩霜が怖い。降霜があると、どうしてもおいしいお茶の出回りが少なくなり、お客に迷惑をかけることになる。売りも買いも茶商にとって頭の痛い年となるのだ。まこと冬からの天候不順は、お茶の作柄に異変をもたらす可能性が高いから、四月に入ると茶農はもちろん、茶商も宵のうちの低温がとても気になる。ほんの一杯の新茶の背後にも、お茶にかかわる人々のこんな気遣いが潜んでいるというわけだ。

ところで若いころから私は世界の茶産地をあちらこちらと飛び歩いているが、日本のように新茶を珍重する国はなかった。「新しいお茶の収穫」(new crop)程度の表現がせいぜいなのである。お隣りの中国には、さすがに漢字の国だけあって季節をあらわす名茶の呼称も古くからあるにはある。「探春」、「先春」、「次春」、「明前」(清明節の四月五日、六日まえごろに摘んだお茶)、「不知春」、「雨前」(穀雨の四月二十一日まえのころに摘んだもの)など、みなその代表格である。それらのお茶の呼び方にしても、われわれ日本人が抱いている新茶を尊重する気持ち、あこがれといった感覚を中国人はもっていないように思える。加えてお茶の故郷といわれながら、お茶の鮮度には、いたって無頓着で、お茶の管理にそれほど神経を使っているふうには見えない。どうやらお茶の鮮度保持には、伝統的に関心が薄いようなのだ。

わが国が近年、中国茶を輸入するようになってからは、日本側の絶え間のない要求でかなり改善されてきたものの、体質的にはもともと無関心であるらしい。通常、中国茶を輸入する場合、中国に発注して、わが国の消費者の手に渡るまでに、およそ一ヵ月はかかる。となれば製造から消費まで半年以上もたつものが少なくない。加えて珍蔵《ちんぞう》などといって、古いお茶ほどよい茶だという普洱茶《プーアールちゃ》や、古茶《ひねちゃ》(陳茶《チエンチャ》)になると茶味に角がとれ、まるみが醸し出されておいしくなるウーロン茶などと主張する人も出てくるものだから、鮮度のよい紅茶やウーロン茶が消費者の口になかなか入らないことになる。カビ臭く、ほこり臭いウーロン茶が、いかにも本当のウーロン茶だと思い込んでいる人の多いこともまた事実なのである。

わが国ほど、摘みたて、製造したての新鮮な香味を持続させるのに懸命な茶産国は世界に類例を見ない。お茶の貯蔵保管に冷蔵庫だの、真空包装だの、チッソガス封入などと、酸化や劣化を極度に嫌う徹底した商品管理を生産者から小売商にいたるまで、これほど神経質に心配りしている国は世界広しといえども皆無である。

江戸時代、宇治から都を経て将軍家へ毎年新茶を貢納する「お茶壺道中」が恒例となっていたが、行きは海に近い東海道を避けて、わざわざ中山道を通り、帰途、東海道を選んだのは、これもお茶の鮮度保持のための一策であったといわれている。

むかしから日本茶の鮮度管理には、一方《ひとかた》ならぬ工夫がなされていたことは、お茶ばかりでなく、他の食料品と同様、日本人の根っからの新鮮好き、初物好きが土台にあって、それを保持させるための知恵として発達してきたのである。

緑茶からなぜ香りがなくなったのか

友人からお礼にと、かなり高そうな上等の煎茶《せんちゃ》を贈っていただいた。残念ながら馥郁《ふくいく》とした煎茶特有の芳しい香りが薄い。まったくないとはいえないが、いま一つ不満が残る。味のほうはまあまあで口当たりがよく、さらっとしていて喉《のど》ごしもよいのだが、なんとなく淡白というか頼りない。幼いころ、祖父のお相伴《しょうばん》で飲まされたコクのあるお茶が最近少なくなったように思う――中年以上の方からよく聞く苦情の一つである。

母親のつくってくれた料理の味とともに、三つ子の魂といおうか、若いときの味覚、嗅覚《きゅうかく》の記憶は忘れがたいものだ。最近の緑茶には、以前のような香りが乏しく、むかしのようなお茶を手に入れることはなかなか困難である。私も機会あるごとに香りの高いお茶作りをと叫んでいるのだが、事態はいっこうに改善されそうにない。

そのうえ、年々お茶をいれる都会の水が一段とカルキ臭の強い水になっているから、その塩素臭やカビ臭さに負けてしまって、なおさらお茶の香りが乏しくなる。加えて近年では、

「香りで飲むお茶」と銘打って、味で飲む緑茶に対して、若い人にとくによろこばれるようになったウーロン茶や紅茶が市民権を得てきたから、こういう点からも緑茶の香りに対する不満がよけいに感じられるのであろう。

それにしてもなぜこんなに緑茶の香りが薄くなってしまったのだろうか。

最近、茶農家の多くは、人手不足を解消するためと工賃を安くあげるために製造設備の自動化と大型化に懸命であるが、茶業における大型化は他の産業のそれとはちょっと趣きがちがう。すなわち製品を大量に増産するタイプの大型化ではなく、生産期間を短縮し、短時間に目標の生産量を達成するようになされているからである。

そもそもお茶は季節的な農産物だから、年中、製造できるものではない。おまけにお茶の芽が大きくなると晩茶《ばんちゃ》に近くなって安くなるから、価値の高い若い芽のうちに摘みとって短期間にお茶にしなければならない。というのも近ごろのお茶の価値は、茶の芽の大きさと葉の色が絶対的な目安になっているからである。つまりお茶の芽が若ければ若いほど高価であり、お茶の葉色が濃緑色で青ければ青いほど値打ちが上がるのである。そういった事情のもとで茶農家は生産性を高めるため、戦前戦後とは比べものにならぬほどお茶の木に肥料を施《ほどこ》すようになった。有機肥料はもちろんのこと、即効性で茶葉の色出しがよくなる化学肥料、葉面散布など、多すぎると思われるほどの肥培管理《ひばいかんり》をするものだから、お茶の木はよく肥えて濃緑色の葉をたっぷりとつけ、栽培面積当たりの効率は機械摘みとあいまって、優にむかしの二倍以上の収穫ができるようになった。ところが困ったことに、お茶の木に肥料を多くやればやるほど香りは低下するのである。

これはトマトのことを思い起こせば充分理解できるであろう。むかしのトマトにはトマト独得の強烈な匂いがあった。私の子供のころにはトマト嫌いの子供がとても多かったことを思い出す。トマトばかりではない。キュウリやタマネギなどにも強い匂いがあった。農産物は一般に野生に近ければ近いほど香気が高く、それぞれがもつ本来の滋味と香りを醸し出すものなのである。

さらにはお茶の木に多くの肥料をやることによって葉は異常なまでに生育する結果、葉間《はかん》がつまって群集し、風通しが悪くなる。またよく肥えた葉はやわらかくておいしいから、非常に害虫がつきやすい。そこで害虫駆除のため、繰り返し消毒が必要になる。農薬散布の回数が多くなればなるほど毒性ももちろん問題だが、香りもいっそう低下してしまう。

こうした結果、お茶の葉自体にも渋味や苦味が驚くほど少なくなって、うま味成分のアミノ酸系のテアニンが増し、製品のお茶にしたときには、甘味のあるマイルドな口当たりのいいお茶になるというわけだ。

また、葉をお茶にするさいに、戦前戦後を通じてこれまでのお茶作りでは想像もできなかったほどお茶の葉を強く深く蒸すものだから、ここでも香りは飛び、渋味が取り除かれる一方、湯色が青く、やわらかい口当たりのお茶ができるようになった。一般に「深蒸《ふかむ》し茶《ちゃ》」とか「特蒸し茶」と呼ばれているお茶は、たいていこのような肥培管理と製造方法でつくられたお茶なのである。

肥料をたっぷり吸収した葉を深蒸ししてつくられたお茶は、湯ざましといって温度を下げるために一休みさせてぬるめにしたお湯で、ゆっくりいれる必要もなく、熱湯を直接注いでもある程度おいしく飲めるため、忙しい現代人にぴったりとよろこばれ、むかしのようなむずかしいお茶のいれ方など知らなくてもいい、若者向きのお茶ということで大いに普及していった。

ところで中国の明の万暦年間、西暦一六〇〇年ごろ、現在の浙江省杭州市生《こうしゅうし》まれの許次紓《きょじじょ》が著した『茶疏《ちゃそ》』は、明代の茶書のなかでも内容が一番よいといわれているものだが、その巻頭の「産茶」（茶の産地）の項で、いみじくもつぎのように述べている。

「銭塘《せんとう》（今の杭州市）の諸山には、茶を産するところが非常に多い（今日でも中国のもっとも有名な龍井茶《ロンチンチャ》などの緑茶類を産する茶区)。そのうち南山のものはみな佳いが、北山のものはやや劣る。北山ではどんどん肥料をやるので、茶は芽をよく吹くが、気韻《かおり》はかえって薄い。往時は睦州《ぼくしゅう》の鳩坑《きゅうこう》・四明《しめい》の朱渓《しゅけい》を盛んに称したものだが、今日ではみな品に入りえない(品評するほどの価値もないものだ)」(布目潮渢、中村喬編訳『中国の茶書』、カッコ内は筆者注)と。

これは四百年以上もまえに、的確にお茶の真理を喝破した卓見であり、お茶を志す者すべてが肝に銘じておきたい言葉である。

土から生まれた天然自然を誇りとする農産物で、まず経済性を優先させ、香りをはじめとする品質を二の次にするということは、まことに主客転倒な事態というほかはない。生産性と高収入をめざす現代農業に質の問題はなかなか受け入れてもらえそうにないが、農産物のなかでもとくにお茶は、私がこの業界に身を置いているからか、その代表のように思えるのだ。

もし私たちの望みがかなえられ、お茶作りの原点に戻れば、むかしのような香りの高い芳しいお茶がふたたび飲めるようになるのだが、そうなれば当然生産量は減少し、お茶がいっそう高価になることは必至である。そのうえ現代人の嗜好《しこう》に合った、手早くいれられて、かつソフトでマイルドなお茶は望めなくなるかもしれない。大きなジレンマである。

高齢化社会の到来とともに、若者が少なくなり、人手不足がますます深刻化する一方で、より煩雑な社会生活を送らねばならない時代になると、ゆっくりと一服のお茶をいただこうにも、そのようなゆとりのあるひとときはなかなか望めそうにないかもしれない。だがしかし、そのときにどちらの道を選択すべきなのか。ゆとりがないからこそ、ゆとりを大事にすると考えるのか、ゆとりがないから、ゆとりのない生活に合ったものをつくろうと考えるのか。お茶作りにも後継者難と過疎化という難問が立ちふさがり、前途になかなか明るさが見えない現状である。そんなジレンマに陥っているのが目下のお茶が置かれた状況なのだ。でもいまが考えどきともいえる。

心のゆたかさや安らぎを求めて、急須《きゅうす》でお茶をいれて飲む時代はなくなりつつあるのだろうか。お茶は賃金の高い先進国の産物ではなく、発展途上国の産物であるということを再確認しなければならないときが来るのだろうか。そしてお茶の香りなどはどうでもよいこととされて、渇《かわ》きを癒《いや》す利便だけの缶ドリンク茶やペットボトル茶の一本二本が、一服のお茶に取ってかわる日が来るのだろうか。お茶の香りの問題だけからもさまざまなことを考えさせられるのである。

お茶の香りと品種改良——仏手種《ぶっしゅしゅ》のこと

最近の日本茶には、以前のような鼻をつく芳しい香りのお茶がほとんど見られなくなった。わが国の茶園は、中国大陸や東南アジアあたりの茶畑とは比較にならぬほどよく管理され、文字通り公園の植込みのようである。外国の茶畑は東海道新幹線の車窓から望まれる茶園とはまったくちがい、やせているのがふつうである。お茶の木の上から地肌が見えるほど葉数《はかず》は少ない。ところが、香りで飲むウーロン茶や紅茶は、このような環境で育った茶葉のほうが原料として適しているのである。したがって現在の日本では、香りの高いおいしいお茶をつくるためにどうすればよいかが焦眉《しょうび》の急となっている。

ところでお茶の香りや味は、元来お茶の木がもっている特性によってかなり左右される。すなわち品種によってその特徴が著しく発揮されるものだが、品種を改良することは何世代にもわたって交配を重ねなければならないので、その結果が出るまでには数年から、時には数十年もかかるという難点がある。それだけではない。各地の茶業《ちゃぎょう》試験場でも目下茶樹の高香品種への改良に懸命であり朗報が待たれているが、たとえいまよい品種が生まれたとしても、各地に植えられ、生長し、そして消費者の手もとに届くまでには何十年とかかる。現在、日本の茶品種で主流をなしているのが有名な「やぶきた種」であるが、このお茶が今日のように一般の人々に知られるようになるまでには、実に半世紀以上の時間がかかっているのを見てもそれはわかろう。ところが、中国茶を勉強していると、日本茶にはとうてい考えられないような奇想天外な着想によってなされた品種の改良に出会うことがある。

その一つが「仏手種《ぶっしゅしゅ》」である。お茶の品種として、すでに百年以上の歴史がある中国でも、ウーロン茶の珍種として人気のあるものだが、香りが高くて渋くなく、甘味さえ感ずるお茶である。これは長年にわたる中国人の品種改良の苦心のたまものであるが、すでにずいぶん以前から福建省や台湾にも産する珍種の名茶として製品化され、とくに南洋華僑に大変人気の高い青茶（ウーロン茶類を総称して中国ではこう呼んでいる）である。

仏手種はいまから百年あまり以前、閩南《みんなん》（福建省南部、閩とは福建省の別称）安渓《あんけい》の騎虎岩《きこがん》ではじめて改良に成功した品種といわれ、その後しだいにそのよさが認められて、閩南、閩北《みんほく》各地や台湾にまで伝播していって栽培されるようになったという。この仏手種は、一名、香《こう》櫞種《えんしゅ》ともいい、もともとレモンや枳殻《からたち》の類でインドが原産地といわれる仏手柑《ぶっしゅかん》と呼ばれる木に、お茶の木を接《つ》ぎ木してこしらえた茶樹だそうだ。そのため閩南では、この仏手種からつくったお茶を「香櫞」とか「枸櫞《くえん》」と呼び、閩北武夷山《ぶいさん》地方では「雪梨《せつり》」と称している。

この仏手柑の葉は小判形をした楕円形で大きく、葉脈がはっきりと認められ、中央部は盛り上がって丸味があり、葉質は比較的やわらかいため蜜柑の葉のように葉先が垂れ下がっている。春、花をつけ、やがて実を結ぶ。仏手柑というのだから蜜柑のような球状の実を結ぶものと想像していたが、枝にぶら下がっている実を見て驚いた。蜜柑とはほど遠い恰好の実なのである。両手を合わせて、合掌するような形で、十本の指の第二関節あたりを軽く曲げ、少しふくらみのある両手、そんな恰好の実が枝にぶら下がる。大きさはほぼ人間の両手を合わせた程度である。「仏手」の名の由来も、この仏様が両手を合わせたような実を結ぶところからきているに違いない。蜜柑のようにはじめは青く、成熟してくるとしだいに黄色く色づき、香りそのものも高くなってくる。爽やかで涼しさを感ずる柑橘類《かんきつるい》特有の清香があるため、夏の夜、枕もとにこの仏手柑の実を置いて床に就くと、かぐわしい香りがあたり一面に漂い、ぐっすり眠ることができるという。わが国ではこの花を生花にしたり、果実を床の間の置物にしたりするだけでなく、まるごと砂糖漬けのお菓子にして名物にしているところもある。中国では一般に塩漬けにして保存し、感冒、とくに咳止めの特効薬として使われているが、とても高価なものである。

さて、仏手種のつくり方である。四、五センチ間隔で仏手柑の苗木とお茶の苗木を交互に植え、双方の木の主幹の一部の樹皮を浅く削り取って、×印のように接ぎ合わせて固定する。一年あまりもたって接ぎ木したことが確認されると、お茶の木を根もとから切り、仏手柑に茶葉を育成させるのである。この仏手種は珍種で高価で取引されることもあって、中国や台湾の茶農のあいだでは接ぎ木に対してはすこぶる意欲的で、各地で仏手種の栽培が見られるようになった。

接ぎ木された仏手種の葉は大型で厚味があり、比較的やわらかくて艶のある、他の茶品種に比べるとまるで変わった感じがするため、容易に見わけがつく。茶摘みの時期は、ふつうのお茶と同じように春から秋にかけて比較的長期間にわたっている。お茶にする工程は他のウーロン茶と同様であるが、大葉であるため、他のウーロン茶類に比べてお茶の葉は大きくて粗く、カールしてゴワゴワした黒みがかかっている。もともとこの葉自体に柑橘類独得の高い香りがあるので、製品としてできたお茶そのものにもなんともいえぬ爽やかで清純な芳香があるだけでなく、お茶特有の渋味もなく、甘味さえ感じられる口当たりのやわらかなお茶になる。「耐泡《ナイパオ》」といわれるようにお茶の出もよく、南洋華僑にはことのほかよろこばれている名茶である。生産量が少ないので、わが国での入手は現在のところむずかしいが、近い将来輸入もされよう。

このように日本茶の品種でも、従来のお茶の木だけにかぎった品種改良という狭い範囲から抜け出て、それより視野を広げ、植物という視野に立ってお茶の木以外の同系の植物との掛け合わせを試みてはどうかと思うのは私だけではなかろう。素人考えではあるが、ある茶業試験場の関係者に、お茶の木に生葉の香りが強烈なレモンか、グレープフルーツの木と掛け合わせてみてはどうかと提案したところ、それはとてもおもしろい、早速テストしてみましょうと確約を得たが、さて、どうなるか。これからのお楽しみというところである。

お茶の将来のためにも、若い人に魅力を感じさせるためにも、そして暮らしのなかのうるおいのためにも、変わり茶の研究開発は大切なことに思われるのだ。日本茶にふさわしい花の香りを添加するとか、瑞々《みずみず》しい果物の香りをつけるとか、中国のジャスミン茶のような高い香りの変わり茶を開発し、多様な商品を提供して、若い人たちの要求に応えることをこれから大いに考えなければならない。

年々、都会の水も高度浄水のシステム化でよくなっているとはいえ、微妙なお茶の香りは、水の匂いにどうしても負ける。巷《ちまた》に溢れる多彩な飲みもののなかで、「深蒸し」や、よく口ーストした「強火」の煎茶《せんちゃ》だけが、全国一律のように各地を席巻している現状がいいとはとても思えない。個性のあるお茶を求めることが大変むずかしくなっている時代であるが、そういうときにあってこそ、この中国の仏手種が個性化に通ずるこれからの日本のお茶作りに一つの示唆を与えてくれるような気がしてならない。伝統ある日本茶よ頑張れ、と声を大にしていいたいと思う。

何がなくともお茶ひとつ

日本では友人知人のお宅を訪問したり、仕事で会社を訪ねたとき、ジュースやコーヒーを出されることは比較的少なく、ふつう出されるのはお茶である。「何がなくともお茶ひとつ」といえる。いろいろな飲みものが氾濫《はんらん》しているなかで、いまだお茶すたれずと心強い。それほどお茶は日本人の暮らしに密着している。

しかしながら、本当に上手においしくいれられたお茶には、まれにしか出会わないのはとても残念なことだ。色つきお湯のような味も香りもないお茶や、日なた水のような淡《うす》いお茶は、とても飲めたものではない。かなり上等のお茶の葉を使っているのに惜しいなあ、と思うこともしばしばある。また、よい茶葉を使っていても、お湯が極端に熱いため、出すぎの渋く苦いお茶を大ぶりの湯呑み茶碗にたっぷり注いで出されたときにも閉口する。考えてみればお茶を出すのはなかなかむずかしい。

ある職場での話である。

十人ばかりの女性職員が当番で、毎日順番で仲間にお茶をいれることにしていた。ところが十日に一度、めっぽうおいしいお茶が出されるので、思わず今日のお茶はうまいと、不思議に思った課長さんがそれとなく注意して見ていた。使っているお茶の葉は同じだし、湯沸かし器具や茶器などもまったく同じものなのに、〇〇子さんの当番のときには、決まってお いしいお茶が巡ってくる。日ごろからしとやかな女性で、何ごとにもよく気がつき、立ち居振舞いにもそつがなく、仕事熱心な人だとは思っていたものの、課長氏、お茶のいれ方ひとつにこんなに差が出るものかと、いたく感じ入ったそうである。お茶好きの父親にしこまれたのが役に立ったそうだが、お茶のいれ方ひとつで育ちもわかるというものだ。

実際、お茶はいれ方によって中級茶が上級茶になったり、下級茶になったりしてしまう。ちょっと気を抜いて油断すると、まったりした味の甘いお茶が、実際、苦くなったり渋くなることもある。げにお茶のいれ方はむずかしい。

若い人にとって、お茶をいれることは、いたって面倒に思われがちだし、職場でのお茶汲みなどといえば、なぜ女だけがお茶をサービスしなければいけないのかと、まっこうから反対されるだろう。これはお茶をいれるのがむずかしいから反対されているのでは決してない。

でも、ひるがえって考えてみれば、なんでもないと思われているお茶ひとつ、おいしくいれられないで何ができるというのだろうか。たしかにおいしいお茶をいれることがすべてではなかろう。しかし、お茶をいれるという何げないことが伝統的な日本の文化なのだと考えれば、日本人が本来身につけなければならないものの一つともいえるのではなかろうか。文化とは、高いすぐれた芸術性をもつもののなかにももちろん存在するだろうが、日常のふつうの暮らしのなかにも厳に存するものなのであり、お茶の師匠につかなくても、お茶の知識がたとえなくとも、上手にお茶をいれられるということは一つの文化を身につけていると私は考えるが、いかがであろうか。こう考えてくるとお茶をいれるということは、女性に限らず男性にも当てはまるわけだ。

そもそも今日、女性の特技か特権のように思われている茶の湯も、実はむかしから男のものとして、男性が始めたものであることは歴史の教えるところである。女性が茶の湯に参加できるようになったのは、かなり後の十六世紀ごろのことだそうだ。世の男性も大いにお茶汲みをすべしだ。お茶にはほかの飲みものには見られぬ「心」がある。お茶をいれたり点じたり、あるいは喫したりすることで、日本人を日本人たらしめる何ものかが備わるものだと私は信じて疑わない。むかしは「男子厨房《ちゅうぼう》に入《い》るべからず」といったものだが、近ごろは台所で活躍する主夫や男性も多い。工夫してお茶ぐらいはおいしくいれられることを朋輩に披露し、職場で重宝がられる男性が出てきてもよいと思うが、どうだろうか。

ところが一方では日常茶飯事といって、日ごろ暮らしのなかのごくありふれた、とるに足らないことにもお茶が象徴的に出てくるのである。このお茶に対して、こうすべき、こうあるべきということをあまり強制するのは考えものだ。お茶をいれることはしごく面倒だと思っている若い人たちが多いようだから、むずかしいお茶のいれ方を強いることよりも、誰がいれてもおいしく飲めるお茶っ葉、子供がいれてもうまく飲めるお茶、あるいは熱湯でもおいしく飲めるお茶の開発をすることも一方で必要である。

茶の祖国、中国の歴史をふり返ってみると、その時代や人々の階層によってずいぶんとお茶の飲み方、いれ方が変化しているのがわかる。お茶の葉自体もさまざまに変わってきている。

たとえば古くは七、八世紀ごろの唐代のお茶は、「餅茶《へいちゃ》」といって、生の茶葉を蒸し、臼《うす》でよく搗《つ》き、型に入れて押し固めて乾燥させたものである。飲むときは、茶葉を手でほぐして薬研《やげん》で細かくしてから煮出して、それに適量の塩や香料などを加えてかきまぜ、茶盌《ちゃわん》に注ぎ用いたようだ。

つづく宋代のお茶は、「団茶《だんちゃ》」といって、唐の餅茶に比べるといっそう緻密で精巧になる。団茶は文字通り団子状の固形茶で、それを削り砕き、細かくしたものをさらに石碾《いしうす》で挽《ひ》き、粉末茶とし、お湯をかけて茶筅《ちゃせん》でかきまぜて飲むというわが国の抹茶の原型のようなお茶であった。

今日のような葉茶を用いるようになったのは、中国でも明の太祖のころの十四世紀になってからで、かつて貴族や金持ち階級が用いた高級固形茶から、つくりやすい庶民向きの釜炒《かまい》り茶《ちゃ》が奨励され、お茶の葉を急須のなかに入れてお湯を注いでその浸出液を飲む「淹茶《えんちゃ》」や、茶盌に直接お茶の葉を入れてお湯をかけて飲む「泡茶《ほうちゃ》」で、これが普及して今日にいたっている。長いお茶の歴史のなかで葉茶の歴史はせいぜい六百年くらいである。

中国よりもお茶の歴史の浅い日本において、マニアックでむずかしい作法めいたことをいったり躍起になって執着したりすることは、お茶全体のはるかな歴史を見渡したときには、ひどく狭量で小さなことに映る。世の中が煩雑になればなるほど、お茶をいれて飲む余裕さえ乏しくなり、いきおい簡便で手軽においしく飲めるものへの志向が一段と強くなるだろう。お茶といわず、多種多様な飲みものが巷《ちまた》に溢れ返っている昨今、お茶を選んでもらうということはいっそうむずかしい。「こうしていれるべき」とか、「こうすべき」といった面倒な講釈があっては、いかにお茶が健康によい、美容によいといっても、やがては大衆に敬遠されるのがおちだ。

どんなに高いものでも、どんな種類のものでも、お茶はもともと嗜好品であり、情緒的な飲みものである。そうである以上、日本茶でも、紅茶、中国茶にしても、「絶対こういれねばならない」といった堅苦しいルールはないはずだ。お好きなように飲めばよいわけだ。

ところで、お茶を冷やして飲む冷用茶は世界でもまれである。すべてのお茶のルーツを有する中国にもその長い喫茶史上、お茶を冷やして飲むという形態はまったくなかった。真夏の炎天下でも、ふうふういって熱いお茶を啜《すす》るのが中国人であり、紅茶を飲むインド人である。摂氏四〇度から五〇度にもなる北アフリカの国々、なかでもモロッコの人々でさえ、焼けつくような熱暑といえども冷たいものやアイスクリームを頑《かたく》なに拒否し、熱いミントティーを好んで飲む。伝統的に暑さをしのぐ彼らの知恵である。

冷茶は彼らからすれば邪道であろうが、欧米やわが国では、それがしごくあたりまえなものとして普及していった。飲茶の形態はつねにかくあるべしといったとしても世界は広いのである。時と所に応じて茶種を選び、喫茶の形を臨機応変に工夫することも大切である。頑固に伝統を守ることを、決して否定するものではないけれど、重要なのは、伝統に固執することではなく、しかるべくいれれば、よりおいしく香り高く飲めるのだということをきちんと会得することだと思うのだ。

要はいれる側（亭主、主人）、飲む側（お客）双方が、たがいに堅苦しく感ずることなくお茶を飲むことが肝心であって、それこそ真の茶道に通ずる道であり、お茶の真髄《こころ》なのだ。押しつけであったり、めくじらたてていれてみても、本当にお茶がおいしいと思えるかどうか。しかし一方では、うまいお茶を出されて、いれてくれた人の人柄をしのび、尊ぶお国柄でもあるのだ。

おいしいお茶を飲むために

婦人会の集まりなどで、決まって質問されることに、どんなお茶を買えばいいのか、どれくらいの値ごろのお茶が経済的でおいしく飲めるのかというのがある。

そんなとき、私がお茶を求めるとしたら、ふだん飲むお茶は百グラム千円ぐらいの荒茶《あらちゃ》(煎茶製《せんちゃ》)とお答えしている。四月末から五月上旬にかけて製造される一番茶のうちで、値打ちがあって仕入れできるのがこの級《クラス》のお茶で、生産量も比較的多く、そのなかから格安で質のよいお茶が選べるからである。

ちょっと奮発して、もう少しいいお茶が飲みたいとか、賓客《ひんかく》がおいでになるときは、千五百円から二千円ぐらいだろうか。反対に、下級茶に属する煎茶や晩茶《ばんちゃ》を求めようとするのは決して得策ではない。第一おいしくないし、お茶の出も悪い。二煎、三煎と何度も「さし」(注ぎ足し)が効かないから、結局、経済的に得にならない。けれども世間にはいろいろな方がいて、そんな高いお茶なんてもったいないとおっしゃる向きには、町の喫茶店でコーヒー一杯飲めば三百円はとられるんですよとお答えしておこう。ところでそのコーヒーだが、豆の値段はお茶の葉の何分の一と聞けば誰しも驚くだろう。それほどお茶はもともと高いものである。

荒茶とは、農家で製造した加工されるまえの粗製茶をいう。つまり製品になるまえの原料茶のことを玄人筋《くろうとすじ》は荒茶と呼んでいる。そんな荒茶から粉を取り除いたり、お茶に混じっている白い茎や葉軸を選別して、見た目に美しくしたお茶が煎茶と呼ばれる仕上げ茶なのである。ついでに玉露《ぎよくろ》製の荒茶から出た白い茎や軸は、俗に雁ケ音《かりがね》（白折《しらお》れともいう）と呼んでいる。純玉露の雁ケ音は量的にも少なく、お茶通のあいだで珍重されるほど価値のあるものだ。荒茶を加工して見た目に美しく付加価値を高めても、お茶そのものにちがいがわかるほどおいしくなるというものでもない。むしろ白い軸や多少の粉が混じった新鮮なままの、作り立てのような荒茶のほうが山の香りがして渋味が少なく、マイルドな味わいがあって現代向きかもしれない。いまの人は、苦渋味《にがしぶみ》のない喉ごしのさらっとした煎茶を好む傾向があるからだ。それに加工した煎茶より手間のいらないだけコストが安くなるわけだ。結局、百グラム千三百円ぐらいの煎茶と千円の荒茶が釣り合うことになる。

茎茶《くきちや》はお茶の出はよくないが苦くない。むしろ甘味があっておいしいものだ。茎茶の味をよく知っているお客は茎茶を好んでお買いになる。そんな茎や葉軸が入っている荒茶なのだから、飲むことだけに限っていえば、わざわざ選別する必要もないわけである。茎や軸の入ったこの荒茶を、強火でさっと焙炉《ほいろ》（火入れ乾燥）したものを私はおすすめする。お客のなかにはわざわざ茎茶と煎茶を求めて自分でブレンド（混合）する人もいるほどである。

ところで、むかしから紅茶でも緑茶でもブレンドして、香味に特徴のある一定の製品作りをしてきた。とくに緑茶類はこの火入れとブレンド技術が微妙なお茶の香味の決め手となっている。ことに緑茶では、火入れがうまさを引き出す大切な加工工程だから、この火入れ乾燥とブレンドによって、その店独自のお茶ができるというものだ。

つぎに、お茶屋さんの店先で飲んだお茶がとてもおいしかったので買ってみたが、家ではそれほどでもなかった、どうすればおいしいお茶がいれられるのか、コツを知りたいというのがある。

まずお茶の葉の量とお湯のバランスが肝心である。少しいつもより多めのお茶の葉をつまむか、そうでなければお湯の量を少なくしてみる。二人なら二人分のお湯、三人なら三人分のお湯というように、よぶんなお湯を急須に入れないことと、そのお湯を毎回しぼり切って、決して急須に残さないことがおいしいお茶をいれる一つのコツである。

お湯はいったん沸騰したもので、湯冷ましで一休みさせたお湯を煎茶に注ぐのも、よりおいしく飲むコツである。熱湯をそのまま煎茶にかけて素早くいれるという手もある。深蒸し煎茶などはこんないれ方でもよいが、その深蒸し茶でも、お湯を一休みさせると、いっそうおいしくなることはいうまでもない。最近は沸騰ポットや保温ポットが普及しているので、好みの温度のお湯が得られるから便利だが、水道水のカルキ臭を除くため、いれるまえにもう一度ボタンを押して、沸点に達したお湯にするに越したことはない。

濃いめのお茶は小ぶりの煎茶茶盌、薄めのお茶は大きい茶盌。時と場所に応じてお茶好きの人、喉が渇いている人に、茶器や茶の濃淡を使いわける気配りこそ本当のお茶の心であろう。緑茶は一煎目はマイルドで、うま味のあるお茶が出る。二煎目はちょっと苦渋味がある。よいお茶は三煎目も結構おいしく飲めるから経済的だ。大きめの茶盌は、時には一煎だけでは満たされないことがある。だからもう一度急須にお湯を入れて「二度注《つ》ぎ」することもある。一煎目と二煎目の二度注ぎは、うま味と苦渋味のバランスがとれて意外においしいものである。

また、よくお茶を家庭の冷蔵庫にストックしておく人がいる。お茶は新鮮な野菜と同じようなものだから、冷蔵庫に入れずに、手に入ったときにはすぐ消費するに越したことはない。

でも贈答品などでよぶんにもらった場合などがあるわけだ。

冷蔵庫から取り出した缶の蓋《ふた》を開けると、温度差によって、お茶は空気中の湿気を一気に吸収する。冷たいビール瓶に露がつくのと同じ現象である。たちまち残ったお茶の品質が悪くなる。だから必ず常温に戻してから缶の蓋を開けること。それに冷蔵庫のなかの他の食品の移り香も心配である。よいお茶をもらったからといって、大切に冷蔵庫に保管しないほうが賢明である。

このごろは、窒素を封入して新鮮な香味を逃がさないように袋詰めしたお茶が売られている。封を切らなければ半年や一年ぐらいは大丈夫だが、新鮮なよいお茶ほど香りがある。お茶の生命ともいえるこの香りはアルコール成分からできている。当然、時間がたてばたつほど蒸発して新鮮さはなくなる。したがって開封後は、夏なら半月以内、冬で一ヵ月が限度である。求めるときは必要なだけ少しずつ買うことが、新鮮でおいしいお茶を飲む最上の手段である。そしてお茶はできるだけ専門店で買うようにしたい。

最後にお茶を贈りものにするときだ。嵩《かさ》の高いものはできるだけ避けよう。嵩の高い見てくれのよいお茶は、まず安ものと疑ってみるほうがよい。お茶は嵩の低い、小さなものほど上等である。安もののお茶は、もらっても捨てるわけにいかず、かえって迷惑になる。人様に差し上げるのだから、せめて自分が平素飲んでいるもの以上のお茶を選ぶこと。お葬式や法事でいただくお茶にはとてもひどいものがある。取り込みの最中で大変だけれど、葬儀屋さんやギフト屋さんなど他人まかせにせず、近くのお茶の専門店に直接注文するに越したことはない。贈りものは贈る人の人柄をあらわすものだからである。

通のお茶と暮らしのお茶

中国語の類語的な言葉の解釈は大変むずかしく、あまり自信もないが、日ごろ耳にする中国人の日常会話で、酒を飲むとか、お茶を飲むことを、それぞれ「喝酒《ホーチュ》」、「喝茶《ホーツァ》」と表現している。お茶をどうぞとお客にすすめる場合には、「請喝茶《チンホーツァ》」、飲みながらこれはうまいお茶だというときは「好喝《ハオホー》」と表現するのが一般的である。時には食べるという意味の「吃《チィ》」（喫）という語を用い「吃茶《チイツァ》」ということもあるが、ふつう「喝《ホー》」という言葉が耳なれているようで、喫茶とか飲茶という表現は読み書きによく使われているようだ。

さて「喝《ホー》」とは、文字通り日本語の「お茶を飲む」の飲むを意味し、とくにお茶を飲んだり、親しんだりする意の嗜好品の「嗜《シー》」や、啜《すす》るという意の「啜《ツオ》」、すなわち「嗜茶《シーツア》」や「啜茗《ツオミン》」（茗はお茶の別称、くわしくいえば比較的大きくなった茶葉でつくった晩茶《ばんちゃ》に近いお茶のこと）は、口に含んで味わうというような深い意味ではなく、むしろ大きく口をあけて日常の暮らしのなかでお茶を飲むという軽い意味であろうと思う。言い換えれば、食事のあとのお茶、喉が渇いたとき何杯もおかわりして飲むお茶を意味すると解したほうがよいようだ。

さて日本語の「飲茶」は文字通りお茶を飲むことであり、私はこれを「喫茶」と区別しなければならないと考えている。喫茶とは、飲むことには違いないが、あれやこれやとお茶の品定めをし、自分の口に適したものを求め、いれ方にも蘊蓄《うんちく》を傾け、お茶の香味に重点を置き、たとえばお客を招いて、得もいわれぬうまい高級茶をたがいに楽しみ合うといったお茶好きの、いわば通《つう》の飲み方をさすもの、いわゆる吟味のお茶なのである。

かたや飲茶とは、いわゆる日常生活のなかでのお茶であり、香味についてそんなにわずらわしいことをいわないで、気取らずにおいしく何杯でも飲むことのできる暮らしのなかのお茶であり、大衆茶を意味する。もちろん何杯も飲むからには、香りの高いうまいお茶でなければならず、決して本来の香味を無視したお茶を意味しているわけではない。香りの高い喉ごしのよいお茶であるのは当然で、まずいお茶なら何杯もおかわりしないことはわかりきったことだ。ただたんに渇きを癒《いや》すだけのお茶なら、何杯も飲む魅力に欠けるし、それなら水でもよいはずだ。飽きずにいつでも、それでいて経済のこともそれほど考えずに飲めるお茶である。

お茶のあり方に、このような二つの流れがあることをまず知っていただきたい。高級茶を中心とした嗜好品としてのお茶、そして何杯も飲める暮らしのなかのお茶のほかに、自然食品、健康食品に属するお茶、そしてファッション性の高い飲みものとしてのお茶などがあげられる。伝統を背景にした茶道のお茶も結構だが、これには現代の若い人たちには受け入れてもらえない要素がとても多すぎる。煩雑で多忙な現代にあって、心の安らぎを求めるきびしいわび茶もよいが、喉の渇きを癒すだけではなく、もっと気楽に清涼感や、ゆたかな香りを楽しみ、ストレス解消に役立つお茶、さらには飲みつづけているうちに知らず知らず健康にプラスするお茶、あるいは洋風料理や洋菓子に合ったお茶というふうに考えたらどうだろうか。

香りは高いが味がどうもと思えるハーブティー、日本茶に比べて深い味わいではいまひとつの、これも香りで飲むウーロン茶やジャスミン茶、ちょっとカビ臭い普洱茶《プーアールちゃ》、強烈すぎるアップルティーなどは若い人々に人気があるが、これらのお茶の普及は、一体何を物語っているのであろうか。若い人々によろこんでもらえるようなファッション性の高いお茶の出現も無下に排斥することなく、このへんで一考してみる必要があるのではなかろうか。

それには若い人たちに飲茶の意欲を起こさせる魅力的な茶器の開発も必要だろう。楽《らく》だの、志野《しの》だの、萩《はぎ》だのといった伝統工芸的ないしは美術価値の高そうな陶磁製の茶器、朱泥《しゅでい》や染付《そめつ》け、旧来の急須などにこだわらず、安価で形も斬新で扱いやすい、ガラス製などの清潔感のある茶器も同時に工夫したほうがいい。

近年、健康飲料や自然食品を特集した美しいカラー雑誌などもつぎつぎに出版されて拝見する機会も多いが、日本茶の部はいつも判で押したようにおきまりの企画で興味をそそられることが少なく、ページを繰るまでもなく想像できるような画一的なパターンに終始している。「茶の湯」抜きの日本茶の紹介なんて見られたものではない。一方、コーヒー、紅茶、その他のお茶（飲みもの類）などでは、多彩でファッショナブルな演出や、一度飲んでみたいなあと興味をそそるような茶器や道具類、その飲みものにピッタリのお菓子や食べものなど、その演出法は心憎いばかりである。現代生活を謳歌している若い人々に限らず、熟年や老年層にさえ魅力を感じさせるこのような演出を、日本茶の世界にいる者はもっともっと考えたほうがいいと思う。テレビのコマーシャルで見る洋酒類と日本酒の差どころではない。

どんなにひいき目に見ても、残念ながら日本茶の負けだといわざるを得ない。

チーズケーキやショートケーキにこんなお茶はどうだろうか。プリンやババロアには？油っこい西洋料理にこんなお茶が洒落《しゃれ》ているなど、おきまりのお座敷シーンでしかピッタリしない日本茶に拘泥《こうでい》することなく、洋茶類と肩を並べられるほど変わった趣向のお茶のいれ方や、型破りのお茶の接待のしかたをもっともっと考えようではないか。たとえばレモンティーに見られるように、日本茶に何かピッタリする果物の輪切りを添えてみるとか、日本茶の香りにふさわしい風情のある花を浮かべてみるとか、日本茶のあるかなしかの香りをいっそうゆたかに引き立てたり、視覚に訴えて清涼感を溢れさせたり、日本茶の色をより魅力あるものに高めるカラフルな茶器の開発などということはとても大切なことと思われる。それだけではない。堅苦しい抹茶茶碗で作法通りにいただく「おうす」などは、今日の若者にははじめから抵抗感を与えて、よろこばれるというよりも、むしろ飲むことを拒絶させるような結果になっているのではないか。そういうお茶の出し方より、手付きの紅茶茶碗に抹茶を点じて、気軽に飲んでもらうようにするなどすれば、これからの日本茶のすそ野を広げることになり、ひいては日本茶そのもののあり方と日本文化を考えていくうえの一助になると思うのだが。

お茶は暮らしのよき伴侶《はんりょ》

お茶はもともと日常の必需品ではない。お茶がなくとも生活が成り立たないというわけではない。ただちょっと淋しいだけだ。それは暮らしにうるおいをもたらすものだからだろう。となればお茶はしょせん嗜好《しこう》飲料だから、人それぞれお好きなように飲めばよいというのが私の考えである。

お茶はこうして作法通りに飲まねばならないとか、こうした道具を使わなければならないとか、面倒な枠《わく》にはめられたり、マナーやルールをやかましくいわれて、畏《かしこ》まって堅苦しくいただくものではない。それが抹茶《まっちゃ》であれ煎茶《せんちゃ》であれ、紅茶やウーロン茶であっても、男性なれば気取らずに、あるときには片手で飲んだってよいと思う。おいしいお菓子を添えられて一服《いっぷく》いただこうと思っている矢先に、出端《でばな》をくじかれるような規制があっては、おいしいお茶も味気がなくなり、興ざめすることはなはだしい。

お茶は食べものとちがって、微妙な香味を味わいながらいただくのだから、おいしく飲むためには雰囲気も必要だ。ムードによって、味覚が左右されやすいのもお茶である。緊張して飲むお茶なぞおいしくないに決まっている。

私は若い人たちにお抹茶を飲んでもらうとき、彼らが躊躇《ちゅうちょ》したり、苦痛を感じたりしないように気やすく飲んでもらうために、あえて抹茶茶盌《ちゃわん》を避けて、マグカップや紅茶茶盌で点《た》てることがある。Gパンで足を組んで気やすく飲めてこそ、くつろぎのお茶であり、安らぎのお茶だと思うからだ。

晩茶茶盌や、少し大ぶりの煎茶茶盌に紅茶を入れて、茶托《ちゃたく》にのせて出すことだって時にはおもしろい。ちょっと変わっているね、というそのこと自体が話題になって雰囲気を和《やわ》らげ、なごませることになりはしないだろうか。邪道でも悪ふざけでもなんでもない。喫茶にルールなんてもともとなかったものだし、そのルールも時の移り変わりとともに、その時代に合った喫茶文化として、人々が育《はぐく》んできたものだからだ。それらの遺産の集大成したものが茶道文化なのだ。だから自己流の楽しい飲み方を新しく創造工夫したところで、笑われることもないし、誰も口をはさんで非難すべきことではないと思われる。私はこれが生きた喫茶文化だと考えているが、いかがだろうか。

とはいえ、まったく何も知らないよりは、知っていたほうがいいに決まっている。たとえば何の訓練もしないで、いきなり抽象画を描くのではなく、写実の基礎を勉強したうえで臨めば、個性ある絵が描けるのと同じことだ。お茶を日常茶飯《にちじょうさはん》に飲んだことのない若い陶芸家が、高く売れるとあって、やたらと茶盌などの茶陶ばかりをつくって個展を催しているのをしばしば見かける。そのお茶盌を手に取って口元へもっていくと、厚手だったり、あるいは反りがあったり、感触が悪かったりして、飲み心地のとても悪いものがある。お茶を飲むという目的を無視した茶盌をつくっているからだろう。

お茶にも基本的なポイントはあるものだ。私はお茶の真髄《こころ》とは、亭主が真心をこめて、おいしいお茶を自ら点《た》ててお客に飲んでいただくことにあると思っている。それが煎茶であれ、抹茶であれ、紅茶であっても、「さあ、どうぞ一服」と差し上げ、お客がおいしいお茶だとよろこんでくれるように心配りすることが一番大切なことだと考えている。お客が嫌がったり、教養を試されているなと感じたり、精神的な拷問《ごうもん》を与えられていると思ったりするような環境をつくることは、およそお茶を楽しむ境地からはほど遠い。そんなことならいっそのことお茶など出さないほうがお客のためにもなるのではないか。

先日、ある大阪財界の一人にお会いする機会があったので、

「お客さんが一人や二人の小人数のときには、社長室まで社員や秘書にお茶運びをさせない

で、社長さん自らがお茶をいれるように心がけてはいかがでしょう。ポットと茶盌と急須があれば、簡単にいれられるのですから」

と申し上げたところ、大変よろこばれた。社長自身がお茶をいれることによって、おたがいに打ち解け、むずかしい話も和《なご》やかに進める第一歩にもなり、出来ないことだって可能になる場合もあるのではなかろうか。茶盌がどうかとか、床の軸は、花は、など茶室での決まりきった言葉のやりとりは、実はお客と亭主の対話のきっかけをつくる手段、方便にすぎない。それはお茶を通して座談を進める、お客と亭主に共通するあたりさわりのない話題なのである。そういうことを知ったうえで、日ごろ、茶盌や絵画などの美術品に興味をもって目を肥やすように心がければ、自らの人生がいっそう充実して楽しくなることも真実なのである。

明末に近いころ、許次紓《きょじじょ》があらわした『茶疏《ちゃそ》』という大著の巻末に、「飲時《いんじ》」と題する一連の詩が掲げられている。お茶は一体どんなときに飲むのが一番ふさわしいのか、つぎのように彼は詩《うた》っている。

飲　時

心身ともに余裕のある時
読書作詩に飽きた時
気分がいらいらしている時
歌や音楽を鑑賞する時
歌や音楽が終った時
門を閉じ世間を避けている時
琴を弾いたり絵を見る時
夜もふけてともに語る時
明るい窓辺のきれいな机に向かう時
奥座敷や見晴らしのよい楼閣《ろうかく》にいる時
客と主人が団欒《だんらん》している時
よい客やかわいい女性といる時
友を訪ねて帰ってきた時

風がおだやかで天気のよい時
うすぐもりでこぬか雨が降る時
小さな橋のたもとに舟を停《と》めている時
こんもりとした林、すらっとした竹藪《たけやぶ》を眺めている時
花を手入れし小鳥の世話をしている時
蓮池の亭《ちん》で涼《すず》んでいる時
中庭で香を焚《た》いている時
宴会が終って客が帰った後
子供たちの勉強部屋を覗《のぞ》いてみた時
静かな寺院を訪ね有名な泉や奇岩のそばにいる時

この詩文を何度か繰り返し読んでいると、さまざまな機会をとらえ、畏まって堅苦しくお茶を飲んでいるのではなく、ふだん着のままにお茶を楽しんでいる喫茶風景が浮かんでくる。お茶は暮らしに溶け込んだ嗜好品であり、生活の伴侶《はんりょ》なのである。

第一煎目は捨てたほうがいい？

もうずいぶんまえだが、本格的にわが国にお茶を導入し、抹茶《まっちゃ》の法を育《はぐく》んだのは栄西《ようさい》禅師であり、中国からインドへお茶を紹介したのは、あのよく肥えて太った太鼓腹の達磨《だるま》さんだという話をしたことがある。

インドの茶祖が達磨大師であることは、彼の地では一般常識のようだし、インドのティーボード（茶業局）などのパンフレットでも、インド茶の歴史が書かれたものには必ず達磨大師が登場する。ところが、ある中国人によると、太った達磨は日本だけで、中国やインドの達磨は決して肥えていない、むしろガリガリの痩身《そうしん》の達磨こそが、本来の達磨の姿だというのである。なるほどそういわれてみると、達磨にまつわる伝説的な話や歴史的な事実からもいろいろ思い当たることがある。

達磨大師はもともと南インドの香至《かし》国の王子で、六世紀のはじめに中国に行き、嵩山《すうざん》の少林寺で九年間もの長いあいだ壁に向かって座禅し、悟りを開いた壁面座禅の話や、梁《りょう》の武帝との対論、没後のインド帰国の伝説などは大変有名である。私もインドを幾度か歩いたことがあるが、便々たる太鼓腹の丸々と太った人にはそんなにお目にかかったことはなかったし、よく肥えた人がめずらしいくらいであった。インド人といえばやせぎすの人々がすぐ思い出される。九年間も飲まず食わずで修行したのだから、達磨大師は当然やせていたのであろう。ところが、一体どこをどう間違ったのか、七転び八起きの達磨や達磨落としの達磨からもわかるように、われわれ日本人のイメージにある達磨さんは、やせぎすどころか、ずんぐりむっくりの超肥満型の姿をしている。

十月五日の達磨忌には、例年わが家の床の間には、むかし中国で買い求めた有名な国画家鄧芬《とうふん》の達磨像を掛けることにしているが、この絵の像もやせこけた達磨様だ。インドから中国、そしてわが国へと、達磨さんが伝わってくる過程で、どこでどう間違ったのか、まるで正反対の達磨像が伝えられてしまった。別人のような、とてつもない像だから大変不思議に思える。わが国にも、むかしから達磨の絵を描いている画家はたくさんいるが、私は寡聞にしてやせた達磨の絵をこれまでに拝見したことがない。むしろわが国でやせた達磨大師を描いたとしたら、その絵はなかなか受け入れてもらえないように思うのだが、いかがだろうか。

とにかくどこでどう間違ったのか、この達磨大師のような例は世間には多い。そしてそれがあたりまえのようにまかり通っているし、これからもそれが本当だとして受け継がれ、人々に信じられつづけていくのだろう。

お茶の世界にも、これと同じようなことがある。中国茶の話である。

わが国で中国茶は短時間で急速に普及したため、一般に中国茶にかかわる知識は乏しく、誰でも少し中国茶がわかってくると、自分本位のいいたい放題をいいだす。それは間違いだと、私がいくら指摘しても、中国で見てきたし、中国人から教わったんだからと、あたかも金科玉条のように思い込んで、自分の非をなかなか改めようとしない。誤った知識を頑《かたく》なにもちつづけていることは心配に思えるほどだ。その一つにいれ方がある。

日本人だって日本茶のことをくわしく知っている人が少ないのと同じように、中国人だって中国茶のことを本当によく知っている人は少ないのだ。ふつうの中国人は磁器の茶碗のなかに直接お茶の葉を一つまみ入れて熱湯を注ぎ、香りが逃げないように蓋をし、蓋の隙間からちょっと飲んでは茶葉をお湯に浸したまま放置し、またちょっと啜《すす》る、お茶の湯が少なくなると、ふたたびお湯を注ぐという「泡茶《ほうちゃ》の法《ほう》」で飲むのがほとんどだから、日本人のように急須で時間をかけてお茶をいれ、真味真香を楽しむ人など、ほとんどお目にかからない。茶聖陸羽先生を生んだ国のお茶の飲み方とも思えない喫茶法である。

また、ウーロン茶のいれ方にも問題点が多い。たとえば台湾でもよく行われている第一煎を捨てることなど、そのもっとも顕著な例である。現在、台湾の功夫茶《くふうちゃ》（工夫茶《コンフーチャ》とも書く）では、小さな急須に入れた茶葉の上から熱湯をかけ、素早く湯通しして第一煎目は飲まずに捨てるという「洗茶《せんちゃ》の法」を後生大事に守っているが、これなど、とうていうなずくことはできない。台湾の茶芸の各流派にこのような淹茶《えんちゃ》マナーが依然として流行しているのは困ったことだが、それ以上にあたかもそれが正しいウーロン茶のいれ方だと自ら信じ、人様にもそう教育しているところが大きな問題なのである。そしてこの弊風はわが国へもそのまま入ってきている。どこでどう間違ったのか、これは大変な誤りである。

そもそも「洗茶の法」は、明代の中ごろに書かれた銭椿年《せんちんねん》の『製茶新譜《せいちゃしんぷ》』の「煎茶四要」に、「茶を烹《に》るには、まず熱湯で茶の葉を洗い、その塵垢《ほこり》と冷気とを取り除いてからこれを烹ると美である」とある。また、これより百年あまり後の明代後半に書かれた許次紓《きょじじょ》の『茶疏《ちゃそ》』に、「洗茶」という項があって、これには熱湯ではなく、半沸きのお湯を用いてお茶を洗い、砂ぼこりを洗い流すことを教えているが、岕茶《かいちゃ》（現代の浙江省嘉興専区長興県《かこうせんくちょうこうけん》に産する羅岕茶のこと）、それもとくに山間部に産するお茶に限定した淹茶法では、「洗い過ぎて茶の力を損じないように」と、その洗茶のテクニックをくわしく述べ、岕茶という特定茶のいれ方に注意をうながしている。当時のお茶は手揉《も》み、手作りのため、手垢や汗、さらには製造環境の不潔なことから、もっぱら洗茶の法が奨励されたようだが、中国のお茶の製造環境が日本に比べていまなお劣っているとしても、今日の姿を見るかぎり一般的に洗茶の必要はないし、おまけに熱湯を使用する洗茶の必要などまったくない。第一煎目の洗茶によってビタミンCをはじめとする栄養素、タンニンやアミノ酸などのうま味、香り、色など、お茶のもつ新鮮な成分の大半（およそ七五パーセント）が失われる。これは科学的に台湾の茶業改良場などでも証明されていることである。

第一煎目を捨てる洗茶の法は、百歩譲ってウーロン茶だからいいのだといわれても、お茶の正しいいれ方とは、とうてい思えない。遠いむかしのお茶のいれ方には合理的理由があったのかもしれないが、今日、常識的に判断して納得できる淹茶法であるとはとてもいえない。それでもその道の人々が、依然として頑固に守っているのは、後々いっそう間違いを拡大することになるのではなかろうか。第二煎目がおいしいというのも真っ赤な嘘である。

これは緑茶でも同じことがいえる。お茶の第一煎を捨てることはゆめゆめ禁物である。

わが国でも「お茶は飲むものである」というお茶本来の目的、原点を忘れ、いたずらにお茶を磨き、形状を第一義的に考えて、「お茶は見るものである」という考えを後生大事に代々守りつづけている一連の人々がいる。飽きもせず、そのような基準に沿うお茶の品評会さえつづけられているのだ。「品評会茶」におけるお茶の形状はお茶作りの基本を示すもので、飲むための方便ではあるが、形状それ自体が大切なのではない。形状がよければ飲んだときにおいしいからこそ形状が大切なのであって、形状だけがひとり歩きをして、それだけで最高のお茶というわけでは決してないのだ。どこでどう間違ったのか形状が第一であらねばならないと考え、それを信奉している人が多いところに問題がある。

飲食の世界では、価値は時代の移り変わりとともに流動的でなければならないし、お茶が国民飲料だ、伝統飲料だと、いくら声を大にして叫んでみても、肝心の消費者、とくにつぎの世代をになう若い人が飲んでくれなくてはなんの意味もない。今日の若い人々に「お茶っていいものだ」と、心から感じてもらってこそ、お茶の文化とか、伝統飲料だとかいう値打ちが出てくるのではないか。戦前感覚のお茶のあり方ではなく、戦後の食形態の変化に順応させ、ライフスタイルがからっと変わってしまった若い人々に心から納得してもらえるお茶とお茶を取りまく環境を改めて考えていかねばならないと感じているのは私一人だけではあるまい。

世は高齢化社会の到来とか。やがて四人の若者が一人の老人を養わねばならなくなるという。そんな老人の世の中になれば、当然お茶を飲む人が多くなるから、これからの茶業はまんざら捨てたものではない、追い風に乗って心配なかろうと、わが国の茶業を楽観的に観測している人が意外と多い。だが、商売で、年寄りの需要に期待するなどというのは最低だ。どこでどう間違ったのか。年をとるからお茶を飲むのではなく、若いころからお茶に親しんで飲んできたからこそ、年をとってもお茶を飲むのが習慣になり楽しみになっているのだ。お茶が暮らしに密着しているからこそ、年をとってもいっそうお茶を飲むことになるのだ。この点はしっかり把握すべきだろう。お茶よりおいしい飲みものなど、いくらもある。他の飲みものからの誘惑はとても多い。そんなたくさんの飲みもののなかから、お茶を選んでもらえるのは、幼いころからお茶を飲むことを習慣づけられてきたからこそである。お茶に携わる人々は消費者に高級茶を飲んでもらおうとするのも結構だが、それよりも、幼いころからお茶を飲むことの楽しさ、清々しさ、身体にとってのよさを、もっともっと教えていくことが大切なのではないかと思う。

人類が初めてお茶を口にしたとき

もうかれこれ半世紀もまえのことである。

安ものの下級茶が、まだ全国各地でもてはやされていたころだ。当時、わが国は急速な高度成長の時代で、お茶の卸売価格も年々棒上げ調子で高騰していた。しかしながら末端消費価格は依然として低迷し、お茶は実勢にはついていけなかったために小売価格を改定することもままならず、消費地は下級茶の払底《ふってい》に泣かされていたのであった。そんな窮状にせっぱつまった茶商は争って意思の疎通を欠くことの比較的少ない台湾から緑茶（煎茶《せんちゃ》）の輸入を試みたのである。

当時ようやく台湾にも、日本と同じような緑茶ができるようになり、日本の下級茶の補いの一助にと輸入したのだが、その輸入量は年々上昇していった。ところがご存じのように、台湾はわが国についでアジアで経済発展をなしとげた国だったから、お茶の製造の採算分岐点もしだいに高くなり、当然それが輸入価格にも反映しはじめたのである。やがて遅かれ早かれ、この台湾産の緑茶にも見切りをつけねばならないときが来るであろうという予測は、台湾を訪れる茶商なら誰もが考えることであった。

ある者はより労賃の安いインドやセイロン（スリランカ）に活路を見出そうと、日本茶の開発プロジェクトをつくった。セイロン島では緑茶はできない。そのセイロン島の山奥で、お茶の葉を蒸したり乾燥したりする燃料が得られないため、わざわざ現地で炭焼きまでして日本茶を製造しようと涙ぐましい苦労をした者もいたし、遠く東アフリカはケニアまで開発の手を伸ばした者もいたが、紅茶の産地での緑茶作りは、品種（アッサム系の大葉種）や製造感覚の基本的なちがいもあって、いずれも失敗に終っている。

一方、当時の中国は文化大革命の嵐が吹き荒れていたころで、まったくの鎖国状態で貿易どころではなかった。だから中国産茶の開発は、頭のなかでは考えたとしても、実施しようと試みた者は皆無であった。

私自身もお茶の輸入には早くから手を出したほうだったし、東南アジアの各地の茶産地には、若いころから飛び歩いて行っていたので強い関心をもっていた。海外で日本茶に適した産地がどこかになかろうかと、再三再四、現地に乗り込み、開発適地を探し求め歩いたのである。戦禍の火が大きく燃え上がろうとしていたベトナム、あるいはタイ、マレーシア、インドネシアなど、各国の茶産地を何度も踏査したが、当時これと思うような茶産地はどこも治安がおしなべて悪く、現地の人たちとの意思の疎通を欠くという不安もはなはだ大きかったため、まだ時機尚早と判断せざるを得なかった。日本茶の開発プロジェクトは不可能ではなかったにせよ、実に困難な状態で、危険をおかしてまでのお茶の開発には二の足を踏まざるを得なかったのである。

ところで、私がお茶の原始的な作り方や飲み方を目撃したのは、そのようにお茶の生産地を求めて世界中を飛び回っていた時期であった。最初は初めてインドネシアを訪れた昭和四十五（一九七〇）年ごろのことである。

ジャカルタからボゴールを経てバンドンへ向かう途中にプンチャックという海抜千メートルを越す峠がある。朝夕、霧が発生して、国道を走る車もしばしば立ち往生するほど走行困難になる高原地帯である。下界はとても暑いというのに、大変快適なところで、オランダの植民地時代から避暑地として有名であった。

だいたい風速などの気象状況にもよるが、海抜百メートル上昇するごとに摂氏〇・六度、気温が下がるといわれているから、下界のジャカルタあたりが三〇度なら二四度程度になるわけだ。そのうえ朝晩の気温の低くなるころには、ガスで前方が見えなくなる。熱帯地方の有名な茶産地は、たいていこのような場所にあってよいお茶を産する。インドのダージリン、スリランカのウバなどがそうだ。昼と夜の温度差があることが、香りの高いお茶を産する絶対条件となっている。赤道直下の熱帯地方は常夏《とこなつ》とはいうものの、暑さはわが国の真夏と同程度と考えて差しつかえない。太陽の直射はきつくても木蔭に入ると、蒸し暑い日本の夏よりは涼しさを感ずるほどだ。赤道を少し離れて上下する地域は、雨期と乾期では異なるが、一般に湿度も高く、日射しも強く、格別暑いようだ。たとえばタイのバンコクやインドネシアのジャカルタなどは、その年の気候にもよろうが、筆舌に尽しがたい大変な暑さである。

日本を出発するまえに、いろいろと得た現地のお茶に関する情報によると、プンチャック峠付近は朝夕の温度差が大きく、そのうえ中国系小葉種の茶畑があるかもしれないとのことだった。じゃり道の国道を砂ぼこりを立てながら車を一路プンチャック峠へ向けて飛ばしたのである。国境にあるような遮断機の降りたエステート（インドやスリランカ、東アフリカなどで植民地時代に行われた総合的経営の茶園）の入口で、私たちを出迎えて歓迎してくれたのは銃を携えて武装した人々であった。茶山へ足を踏み入れてはみたものの、前後左右に武装した数人のガードマンに護衛され、上下動で激しく揺れるジープから振り落とされないように前の座席に必死にしがみついての見学では、とてもお茶どころの騒ぎではない。当時のインドネシアの各地は、まだ共産ゲリラが出没するというので、奥地の茶山へ出かけるにも、ものものしい警戒が必要だったので、このような仕儀と相なったのである。

渺々《びょうびょう》たるジャワ島の山岳地帯の茶産地は、茶畑というよりは自然の低木の繁みのような状態で、茶園や茶畑としての管理はまったくなされていないようだった。今日どうなっているかわからないが、国道筋からちょっと入ると、あたり一帯は、野生化した茶樹が延々とつづいている。灌木《かんぼく》で小葉種系の茶樹が多かったし、大きい木でも人間の背丈程度である。たいていは拾い摘み可能な高さの木であった。人の顔も樹間から認められたから、共産ゲリラにはそれほど神経をとがらせずにすんだが、毒蛇がたくさんいるから用心せよとの注意には、茶山歩きも楽でないことを思い知らされた。途中、昼飯にと、持参した弁当を木蔭でつまんでみる。山坂の登り下りで汗を流したこともあって無性に喉が渇く。生水は当然飲めない。そこでお茶を求めたのだが、お湯を沸かさねばならないという。現地の人たちは、谷川へ下って薬缶に水を汲み、枯木を集めてお湯を沸かしはじめた。するとこんどは別の中国系らしき人が茶畑へ入っていき、しばらくすると適当な長さの葉付きの茶枝を束にして持って帰ってきた。お茶っ葉がないので、どうやら即席のお茶をつくりはじめるらしい。

折ってきた茶枝をさっと火の上にかざしてあぶると、ちりちりと茶葉が巻き上がる。ぱちぱちと焦げる一歩手前のところで火から離すと、枝を逆手にもってしごき、焼いて焦げたお茶の葉を薬缶に放り込んだ。まことに原始的でダイナミックな煮茶の試みである。

人類がはじめてお茶を口にしたというたしかな証拠は残っていない。けれども私がプンチャック峠で目撃した、お茶をあぶってその煎汁を飲むという方法は、人類がもっとも早くお茶というものを口にした形態の一つではなかろうかと思われる。そして現実に目の前で目撃し、実際に飲んでみて感じたのは、白湯《さゆ》よりは結構芳しく、お茶らしく飲めたということであった。

その後、ネパールのカトマンズの奥地を訪ねたときも、チベット系の茶店で、女の店主がお茶の葉を炒《い》って、お湯に浸してくれたものを飲んだこともあったし、雲南省の西双版納《しいさんぱんな》の南糯山《なんださん》を訪ねたときも、哈尼族《ハニぞく》の男が山小屋で茶葉を焼いて烤茶《かおちゃ》らしきものをつくっているのを目撃したこともあった。

わが国でも四国や九州の山間部で、山仕事をする人々のあいだで簡便なお茶を得る方法として、同様の手法がいまでも見られるという話を聞いたことがあるが、いずれにせよ、どの国の人々も、手っ取り早い簡便なお茶作りの方法として、共通した知恵がはたらくことに驚かされる。生の茶葉を摘んでそのまま口にするよりも、あぶり焦がした茶葉を煮出すほうが、お茶のよりよい香味が得られることを知っていたわけである。

食べるお茶と飲むお茶

時あたかも食べるお茶のブームである。とくに緑茶の主な栄養成分のカテキン（渋味）、カフェイン（苦味）、テアニン（うま味）などは、生活習慣病の予防やガンの予防にとてもいいことがわかってきたが、ビタミン類を豊富に含むお茶には、飲むだけでは吸収できないものがある。脂溶性のビタミンA（カロテン）や、ビタミンEはお湯に溶けないので、飲むお茶には出ていかないわけだ。植物繊維も茶殻《ちゃがら》に残されて捨てられるから、それならいっそのこと食べてしまったら一〇〇パーセントすべての成分が体のなかに入ることになる。せっかくのお茶だ。体がそれらのすべてを吸収するかどうかは別として、毒ではないのだから飲むよりは食べるほうがより効果的だという考えだ。マウスでいろいろ実験したデータにもとづいての話だから信頼もできよう。だからこのごろの茶店の店頭には、お茶っ葉混じりのおせんべいや、緑茶入りのカステラ、茶飴、茶そばなど、お茶を用いた食べものやお菓子までが並べられている。

一日に五、六グラム程度の茶葉を食べるとよいといわれているが、およそカレースプーンに一杯程度である。料理やお菓子に混ぜられているお茶では、この量は満たされそうもない。しかも毎日だ。やはり直接煎茶《せんちゃ》をコーヒースプーンで一杯、三度の食事の前後に食べるとよい。食事と一緒に食べると、お茶の葉は水分を含んで五倍にも脹《ふく》れるから、かえって食事の量が減ってダイエットにもなる。一石二鳥である。

食べるお茶には、一番茶のよいものをおすすめする。百グラム千円以上の煎茶がよい。一番茶は寒い冬を越して春一番に出る芽だから、よく肥えて栄養成分が多いし、残留農薬の心配もほとんどない。百グラム千円といってもガンや生活習慣病の予防になれば安いものである。一年あまり継続して食べれば、糖尿病も悪いほうに進行しないし、よくなったというデータもある。慢性の便秘にも忘れたように効くというから、お茶は飲んでよし、食べてよしである。ただお茶を薬のように食べることは、味覚やお茶の文化に貢献しないのでちょっと残念であるが。

この食べるお茶のルーツを考えてみることもあながち無駄ではなかろう。

茶聖陸羽《りくう》は彼の名著『茶経《ちゃきょう》』に、人身牛首で人民に耕作を教えたといわれる神農の『食経』という書を引用して、お茶が古くから存在したことを証明しているが、今日その『食経』なるものは伝わっていない。その『茶経』のなかで神農は山野を駆け巡り、さまざまな野草や樹木の葉を選んで自ら食し、人が口にしても安全で害のないものを明らかにしたと紹介している。この実験で神農は一日に七十二もの毒に当たり、そのたびにお茶の葉によって解毒《げどく》して難を逃れたというエピソードは、神農伝説として茶史を語るさいには必ず取り上げられる有名な話である。実に紀元前二七三七年というのだから、五千年も前の気の遠くなるようなむかしのことである。

ところで人類がいつごろからお茶を口にしたか、あるいは飲むようになったか、神話の真偽はともかくとして、つまびらかなことは今日にいたるまで確かな記録はないようだ。一般的に考えれば、飲むという行為以前に、生の葉をしゃぶったり、チューインガムのように噛んだりしてお腹に入れるほうが手っ取り早いお茶の用い方であったと思われる。

ところが、野生の動物はもちろん、豚や牛、羊や馬などの家畜類さえ、あたりに生えている雑草は食べても、お茶の葉は敬遠して口にしない。お茶の葉が有するタンニンやカフェインなどの苦味や渋味が多いからである。この動物が決して食べないお茶の葉を、太古の人類が好んで口にしたのはなぜなのであろうか。

かつて訪れた雲南省西双版納《しいさんぱんな》南糯山《なんださん》では、付近の原始林のあいだに野生に近い大葉種の高木の茶樹が点在していたが、少数民族の哈尼族《ハニぞく》がこの高い茶の木によじ登ってお茶の葉を摘んでいた。低木の茶摘みを見なれているわれわれの目には奇異にさえ感ずる光景だが、これは雲南省独得の風物詩である。その哈尼族も決まって牛や豚などの家畜を連れて茶畑に入るらしい。家畜に下草の雑草類を食わせるためと、動物の糞尿が自然の肥料になるからである。ところが、それらの家畜は先天的にお茶の若葉は食べないという。お茶の葉には苦味や渋味の成分が多いからである。もしかりに食べるようなことがあれば、口から泡を吹き、いきり立つほど興奮し、はては暴れるようなこともあるらしい。

これを裏づける話を私も経験している。以前、私の町の近くに競馬場があって、ときどきレースが開催されていたころのことである。レースのある前日とか前々日には、競馬場の関係者が決まって玉露や上級煎茶を大量に買いにきたものだ。はじめのうちは競馬場には大勢のお客が出入りするから、そのためたくさんのお茶が必要なのだろうと思っていたが、実はこのお茶、人間様が飲むのではなく、お馬さんに召し上がっていただくためだということがあとでわかって大変驚いた記憶がある。レース直前に競走馬に高級煎茶を食べさせると（実際は無理やり口にねじ込むらしい）、大変興奮していきり立つのだそうだ。そうなれば馬には文字通り馬力がかかって、オリンピックの陸上競技でも問題になった薬物によるドーピングと同じような効果が上がるというから、天然自然のお茶の葉には、まことに驚異とさえいえる力が秘められているものと思われる。

動物がお茶の葉を直接口にするのは元来苦手らしいということはわかったが、人類がお茶の葉を煮出してその煎汁を飲むという発想はどこから思いついたものだろうか。手間をかけて煮汁を飲むほうが、葉を噛んだり、しがんだりしてお茶を食べるという行為よりも一歩進んだ段階にある。

すなわちお茶を食べることがお茶を飲むより、かなり先行していたと考えるほうが自然ではあるまいか。煎汁を飲むという行為には、直接お茶の葉を食べるより、より高度の工夫がいるから、食べるお茶から飲むお茶へという道順のほうが常識的だと思われるのだ。その場合でも、動物が口にしないお茶の葉をなぜ人類が食べたかという問題は残る。果物や木の実などのように、そのまま食べてうまいものなら話は別だが、直接生《なま》のお茶の葉を食べるというのはいかにも動物的で野蛮な行為だし、それもよりによって渋くて苦い葉を口にするというのは、よほど顕著な生理的効果や薬効がないかぎり、ふつうには考えにくいことである。そうであればこそ、お茶は神様から贈られた不思議な樹木として太古の人々の心をとらえ、神秘的で強烈な霊力をもつ植物として受け容れられたに違いない。

ところで、食べるお茶の話が出ると必ずもちだされるのが、中国西南部の雲南省とそれに接するラオス、ベトナム、タイ、ミャンマー（ビルマ）東北部奥地の国境沿いに見られる典型的な「食べるお茶」、すなわち「ミエン」や「ラペソー」の話である。

東南アジアの山岳地帯で見られる食べるお茶の存在は、今日お茶に関心のある者にはきわめて興味深いものがある。人類が最初にお茶の葉を用いたのは、直接お茶の鮮葉を食べることであったろうが、山岳地帯に住む彼ら少数民族の利用のしかたで特徴的なのは、お茶の葉に含まれている苦味や渋味を取り除くために独得の工夫を加えていることである。

それは摘んできたお茶の葉を蒸した後、われわれが漬けものを漬けるように重しを置いたり、あるいは葉を刻んで竹筒に入れ、一定期間、土中に埋めておくという方法をとる。これらはいずれもお茶の葉から出る苦汁や渋味を取り除いて、食べやすくするための知恵である。食べるときには、塩や木の実や果実などの調味料や天然の香り汁を加えて嚙み砕いたり、しがんだりしている。実際、私もそれらのお茶を食べてみたが、酸っぱくて、少し堅いワカメを嚙んでいるようだった。

ところが不思議なことに、これらのお茶の葉を食べる地方では、お茶を飲む習慣は最近までなかったという。そうだとすると、食べるお茶と飲むお茶とは、それぞれ独自の発展を遂げて今日にいたっているのではないかという疑念が起こる。つまり、食べるお茶から飲むお茶へとストレートに連続して発展していったかどうかはきわめて疑わしいということだ。もしそうだとすると、飲むお茶という発想は漢民族によってまず起こり、それが華中へ広がり、よほど後になって食べるお茶の地域にまで伝播《でんぱ》していったと考えたほうが実情に合っているように思えるのだが、いかがなものだろうか。

もっとも中国では、お茶が歴史的な記録にあらわれて以来、すなわち紀元前後から唐代を経て、宋、元そして明代の初めにいたるまで、飲むという行為のなかに、形は変わっても、お茶の葉そのものを食べてきたという事実には疑いをさしはさむ余地はない。

餅茶《へいちゃ》を砕いて用いた唐代の煮茶《にちゃ》の法、宋代の団茶《だんちゃ》による喫茶法でも、お茶の葉を食べつつお茶を喫してきたのである。わが国の栄西《ようさい》禅師が宋より持ち帰り、今日の茶道の基礎を築いたといわれる抹茶の法でも、これまたまぎれもなくお茶を喫する所作とともに、まがいもなくお茶を食べているのである。

抹茶の法は往時の上流階級のお茶の用い方であったが、一般庶民のお茶は晩茶《ばんちゃ》（粗茶《あらちゃ》）の煮出したものや、淹茶《えんちゃ》法や泡茶《ほうちゃ》法によって浸出した茶の湯のなかに種々雑多な食物、たとえば木の実、煮物類、飯、豆類、果実、干し果実、はては香料や塩を添加した、俗にまぜ茶、雑茶と呼ばれるお茶を飲んでいた。当然、そのさい茶の湯のだし殼である茶殼も食べていたのである。だから、それは食べるお茶以外の何ものでもない飲茶法であった。

茶殼ばかりでなく、お茶の液体のなかに加えた混入物を同時に食べてきた歴史は実に長く、清朝末までつづけられてきた。清朝といえば二十世紀の初頭までつづいた国である。このように、そのついこのあいだまでの中国庶民の喫茶形態すら日本人には意外と知られていない。もちろん、茶の湯に放り込まれた副食物を一緒に食べ、かつ飲んだことになっているこの起源は、たぶん明朝の初期に杭州で流行した、茶盌《ちゃわん》にお茶の葉を入れ、それに直接熱湯を注いでそのまま茶液を啜《すす》る飲み方、今日でもなおポピュラーな飲み方とされている泡茶の法にあるのだろう。この泡茶の法に、さらにいろいろな雑物を加えたろうし、茶盌のなかの茶殼も雑物と一緒に食べたであろうことは容易に想像できる。いわば飲むお茶と食べるお茶の併用喫茶法が、庶民のあいだで実に長いあいだつづけられてきたのである。むしろ中国の庶民のあいだでは、茶液のなかに食物を入れないでお客に出すなどということは失礼に当たるとして一般によろこばれなかった。お茶に何も入れないで清飲することは、むしろ敬遠されていたのである。清飲で飲む喫茶形態が庶民のあいだに定着し、上品な接客のしかたとして誇りに思われるようになったのは、実に近代になってからのことなのである。

副食品をはじめ、一部お茶殻も食べる島根県松江のボテボテ茶や、これに類するわが国のローカルな喫茶形態も、おそらく中国の喫茶習慣にならって採用されたものではなかろうか。しかしながらこれらのお茶を食べる行為は、あくまでもお茶を飲むことに従属した行為であって、決して中心的な行為ではない。たとえそのような雑茶を口にし、混入したものを同時に食べたとしても、中国の茶書や料理書に見られるのは、つねに飲茶か喫茶とあるからである。

宇治茶はいかにつくられるか

大阪を中心としたローカルな放送番組であるが、私がはじめてレギュラーでラジオ放送に出演したのは昭和五十七（一九八二）年ごろのことであった。それはわれわれにとって皆目知識のなかった中国のお茶が本格的に普及しはじめたころに当たる。テレビにもときどき招かれて出演することもあるが、いずれもお茶にまつわる話と啓蒙に努めている。

はじめは毎日放送だったが、いまはもっぱら朝日放送である。毎週一回五分ほどの放送だが、一ヵ月分の四回か五回をまとめてテープに吹き込むぶっつけ本番だから、放送に当たって四つか五つのテーマを用意することになる。相手役のキャスター槇《まき》洋介氏や毛利智子さんらは私のしゃべり方や癖を心得ているので、とちったときや言葉に詰まったときにはたくみに誘導してくれるため、これといって大過なく番組をつづけられたと感謝している。

これはその放送でしゃべった話である。

近ごろ産直便がさかんだが、生産地から消費地へ直送される地方の地場産品のなかには、輸入品や、むかしは獲れていたけれどもいまでは獲れなくなった移入品を、あたかも地場産品と称して消費者に送ってくる似而非《えせ》産直品もままある。通常、食品の場合、外国産品であろうと国産品であろうと必ず表示義務があるのだが、生ものや干物のように生ものに近いものだとほとんど表示らしいものはされていないのをしばしば見かける。それどころか目方も記載されていないものすらある。

たとえば、外国の海で獲れたアジを冷凍にして輸入し、それを解凍して開きにし、「○○特産」と称して商品にし、もう一度冷凍して売り出す。もちろん、外国産のアジなどという表示はない。○○はむかしからアジの開きの名産地だったとしても、外国産のアジだから形もちがうし、第一、二度も冷凍するものだから味もすこぶる悪い。これと同じような商法は比較的取締りがきびしくなってきたが、まだ日本のかなりの地域でまかり通っているのではなかろうか。だからわざわざ産地から直送させたのに、値段も消費地の市場で買ったほうが格安で、かつ新鮮だなどと女房に笑われたり、ばかにされる羽目に陥ることになる。

お茶についても産地はあてにならない。たとえば宇治茶。京都府の宇治を訪れても、ほとんど茶畑らしいところが見られない。宇治茶、宇治茶といわれるが、一体どこでお茶をつくっているのだろうかとよく質問される。実は宇治というより、京都府下全域で生産されるお茶は、京都府民が一年間飲むだけの量も生産されていない。だから本当の宇治茶はほんの微々たるもの、有田で焼いても瀬戸物というがごとしで、名前だけ有名なのが宇治茶と称するお茶なのだと、まあ、こんなふうに話をしたところ、早速抗議の電話があった。宇治でお茶ができないことはない、あんなふうにいってもらっては困ると、えらい剣幕でまくしたて、名前も告げずにガチャンと電話を切ったという。

お茶の世界も他の業界と同様に近年、産地間競争がとみに激しくなり、走り新茶などといって生産時期を早めたり、派手な宣伝合戦でしのぎを削ったりしている。そもそも日本茶の産量は、ひところまではずっと十万トンといわれてきた。ところが茶農家の後継者問題と人手不足、茶産地周辺の開発が急速に進んで、農業からの転廃業、飲料の多様化による需要の減退など、悪環境が重なって、平成二二（二〇一〇）年は約一〇パーセント減の九万トン前後にまで落ち込み、今日にいたっている。そしてそのほぼ半分に近い四万トンが静岡県産である。その大部分は静岡県外へ移出される一方、生産高の一〇パーセント相当が県外から移入されて県内産とブレンドされ、静岡茶となって再出荷されていく。こういうふうに数量の上から見ると、静岡県は名実ともに日本一の茶の生産加工地なのである。

かたや僧栄西《ようさい》、明恵《みょうえ》によって育《はぐく》まれ、八百年の伝統を誇る宇治茶はどうであろうか。

さきにも少しふれた通り、京都府全体の生産量は約二千七百トン、これはここ数年変わらないが、全日本の生産量の三パーセントにすぎない。おまけに京都府というのではない純粋に宇治で生産されるお茶にいたってはきわめて微量である。しかもその大部分は玉露や碾茶《てんちゃ》（抹茶《まっちゃ》の原料茶）の高級品になるのだから、一般庶民の口にはほとんど入らない上等品ということになる。

宇治は土壌もよく、山水にも恵まれ、お茶の適地条件すべてを具《そな》えている絶好の茶産地である。だから目のある先人が白羽の矢を立て、茶処として発展してきたのが宇治という土地柄なのである。歴史、伝統もあり、ノウハウの蓄積もある。しかも宇治で採れるお茶の品質はすこぶるよい。三拍子揃って、しかも千二百年もつづいた都にも近い茶産地だ。しかしながら、あまりにも京都、大阪に近いため、近年、それらの大都市のベッドタウンとしての開発が著しく、多くの茶畑は宅地に変わり、生産地、茶処宇治としての存在が急速に消え去ろうとしているのが現状なのである。

ところが今日でも偉いものである。依然、宇治茶として、宇治から他県に出荷されている再生仕上げ茶は、京都府産量のおよそ数倍にもなる。宇治に運び込まれる原料茶（荒茶《あらちゃ》）は、近県の茶産地三重県（全国三位）、奈良県（四位）、滋賀県（一二位）のお茶が圧倒的だが、それらの地場周辺茶ばかりでなく、遠く鹿児島県（二位）、宮崎県（五位）から、東は静岡県、愛知県のお茶が流れ込んできてブレンドされ、宇治茶として全国各地に出回っていくわけだ。関東で有名な埼玉県（一〇位）の狭山茶《さやまちゃ》も、宇治茶と同じような手法がとられている。

宇治はむかしから玉露と抹茶でとくに高名な土地柄だ。宇治茶の代表産茶であるこれらのお茶も、ごく高級品は別として、たいていは宇治茶と福岡県八女《やめ》（玉露）、愛知県西尾《にしお》（碾茶）などのブレンド品か、あるいは宇治茶を一葉も使用しないで宇治茶としてひところ市販されていたものもあった。煎茶にいたっては、純宇治煎茶の産量は限られ、玄人《くろうと》でさえ、なかなかお目にかかれないほど稀少価値のお茶なのだ。ところが全国津々浦々で宇治茶と銘打って売られている。私はこのことを決して非難しているわけではない。厳密にいえば、消費者をあざむいていることになるが、むかしから茶業界の慣習として通っているからである。宇治茶としての品格が保てるような加工やブレンドの研究がなされ、それが一定の水準に達しているから暗黙のうちに全国の業者も信用しているのだが、いまはきびしくなって表示も明確にするようになった。

　およそお茶のブレンドには、お茶の香味をまろやかにしたり、いっそうよくしたりするためのブレンドと、売り値を下げるために、高価格のお茶に低価格のものを混ぜる二通りの方法がある。価格調整のためのブレンドは、当然、ブレンド本来の目的に反することになる。ところが今日の茶業界では、この種のブレンドが大手を振って、さもあたりまえのように闊歩している。商業主義に走ったブレンドである。加えて増量ブレンドの場合もある。

　ところでお茶を買われるとき、「このお茶はどこのお茶ですか」とお聞きになる消費者が多い。生産地を基準にお茶選びをするのである。ところが事情はいまいったようなことだから、同じ宇治茶と称されているお茶でも、関東の茶店は関東なりに、関西は関西なりに、その地方地方の嗜好《しこう》や水の適性に合ったお茶をブレンドしてお客に供しているのがふつうだ。ということは、たまたまお茶の産地へ行ったときに買い求めたものが、ご自分の住んでいる土地の水に適したおいしく飲めるお茶であるかどうかは疑わしいということになる。茶商はつねに自分が売る先の水質の研究、お客の嗜好に気を配ってお茶をブレンドしているから、むしろ近所の、その土地その土地の、真面目で繁盛している茶店のお茶のほうが、きっとあなたのお口に合うに違いない。やたらお茶に限らず産直志向で、あれやこれやの珍稀産品を取り寄せたり、注文したりする人も多いようだが、暮らしのお茶選びという観点からすると問題のある選び方といえるのではなかろうか。

お茶と農薬

「輸入健康茶に高濃度BHC（ベンゼン・ヘキサクロライド）残留」と、大きな見出しで、関東、中部東海方面の某大新聞がその社会面でトップ記事として掲載した。平成三（一九九一）年五月二十四日のことである。

私は大阪に住んでいるので、そのニュースは知る由もなかったが、このごろ農薬や食品添加物などの問題では食品業界全体が非常に神経質になっていて、海外の茶事情なら私に聞けばわかるということで、各地からファックスが飛び込んできた。該当商品のほとんどが中国産品であるということだが、中国はこの種の事件や緊急時の対応がきわめてにぶいので、まず台湾側におうかがいを立てることにした。台湾はむかしから高級ウーロン茶を生産している地域として知られ、茶園の管理がとくによい。

早速、新聞のコピーを台湾の茶公会（台湾区製茶工業同業公会）へ送信することにした。台湾産茶の関係諸機関から、お茶の農薬分析データや資料、そしてコメントなどを入手するためだ。

後で聞いた話だが、台湾側でも日本の大新聞の記事に重大な関心を示し、お茶の試験場をはじめ関係機関を総動員して実態の調査に乗り出し、一日中てんやわんやであったという。なにせわが国は台湾側としては大切なお客でウーロン茶や煎茶《せんちゃ》をはじめ、台湾産茶の一番の輸入国だからである。

「健康茶として売られているウーロン茶など外国産の茶の葉に、日本では使用禁止の有機塩素系農薬『ＢＨＣ』が高い濃度で残留していることが二十三日、東京都立衛生研究所の調査で分かった。『直ちに健康に影響を与える心配はない』としているものの、健康茶は毎日飲用するため、危険性を指摘する声もある。健康ブームで健康茶の輸入量は急増しており、輸入業者も対応を迫られそうだ」

「調査対象は、都内のデパートなどで購入したウーロン茶など五十七種類の製品。溶液中に浸した後、分析した結果、半数近い二十三種類の製品からBHCを検出した。

検出量（単位はppm）がもっとも多かったのはベニバナ茶（〇・一六五）。次いでウーロン茶（〇・〇二一〜〇・〇八七）、バンザクロ茶（〇・〇六五）、ウーロン茶にカワラヒサギやエビスソウなどを混ぜた混合茶（〇・〇六三）の順。ウーロン茶とバンザクロ茶は『中国産』の表示があったが、ベニバナ茶や混合茶には原産国表示がなかった。

しかし、日本では一九七一年からBHCの使用を禁止しており、ベニバナ茶、混合茶も『外国産の可能性が強い』（同研究所）という。

BHCは殺虫剤として用いられる。大量に摂取すると肝臓障害を起こす危険が高く、食品衛生法は、茶葉類《ちゃようるい》の中では日本茶のみについてBHC残留許容量を『〇・二ppm以下』と定めている。だがその他の茶葉類には基準を設けておらず、事実上『野放し状態』になっていた。

今回の結果について同研究所は『残留農薬はすぐに危害を及ぼす程の量ではない。しかし、健康茶は長期間、特定の製品を飲用するケースが多いので十分な注意が必要』と警告している。

過熱する健康ブームで、健康茶の輸入量は年々増えている。農水省によると、ウーロン茶などの輸入量は九〇年度が一万七千百五十四トンで、五年前に比べて一六%の増加。しかし、中にはベニバナ、ハトムギなど『茶類』には分類されないものも多く、健康茶全体では『かなりのトン数になるのではないか』(大手輸入商社)という」と。

さて、まずこの記事で一番問題になる点は、高濃度のBHC残留という見出しである。何を基準に「高濃度」というのだろうか。

以前から日本茶のBHC許容量は〇・二ppm以下という公的安全基準がある。このとき健康茶(ウーロン茶)の検体から出た数値は、〇・〇二一から〇・〇八七で、多少測定法が異なってはいても、日本茶の許容量の約一一パーセントから四五パーセント程度の低濃度で、いずれも許容量の二分の一以下である。高濃度どころか、大きく見出しで出すほどのニュース価値もない、いたって微量値である。

ちなみに大阪の分析センターにこの数値について問い合わせてみると、ふつうこのような微量数値を検出するためには、よほどの精密分析装置が必要で、通常でのBHCの検出限界は、〇・一ppmだから、それ以下の数値の場合は、「残留農薬検出せず」と回答していると説明してくれた（ただし、缶詰類はそのまま飲むから〇・〇一ppmとなっている）。

このときの東京都の分析結果は〇・一ppm以下だから、通常の検出限界以下である。おまけにお茶は、日本茶とか中国茶、健康茶を問わず、何十倍という大量のお湯に浸して飲むのだから、数値はいよいよ小さくなる。

当の都立衛生研究所の分析に当たった担当者も、新聞の取材には記事に書かれたような発言はいっさいしていない、数値を示しただけである、各地からの抗議や問い合わせがしきりにあるので驚いている、あまりにも無責任な記事に、こちらからも当の新聞社に抗議しているという話であった。

それにしてももっと困ることは、日本茶の〇・二ppmという許容量が、問題になったこれらの健康茶の検出値よりぐんと高いことである。素直に考えれば、ウーロン茶などよりも日本茶のほうがよほど問題だと一般にそう誤解されることが恐ろしい。ウーロン茶などの健康茶より日本茶を飲むほうが、より危険ですよといっているようなものだからだ。

台湾側の返信によれば、昭和五十（一九七五）年以来、BHCやDDTなどの、残留期間が長く毒性の強い農薬の使用および販売は禁止しているから、その点では絶対心配ないという。昭和五十年当時は日本向けの煎茶製造がさかんな時期でもあったので、日本緑茶輸入協会の強い申し入れもあって、とくに茶園の農薬散布には農民への研修と指導を徹底させ、きびしい管理を実施してきた。それは今日にいたるまでつづいているというから、台湾産茶に関してはいちおう安心していいだろう。

わが日本茶も台湾より一足先の昭和四十五（一九七〇）年以来、これらの農薬の使用はいっさい禁止されている。BHCやDDTは散布後の残留期間が長期にわたるため、過去に問題が起こったこともたびたびあった。それもしだいに消滅した今日、わが国の茶葉ではほとんど問題になっていない。

およそ農薬には大きく分けて二つの種類がある。葉面に散布するだけで効果のあるものと、葉や葉枝の組織に深く浸透し、葉液や樹液を吸う害虫に効果があるものとである。前者は即効的で、残留期間が比較的短く、農薬の種類にもよるが、一週間もすれば毒性の少なくなるものが多い。雨が降れば流されて効かなくなる農薬の類である。一方、組織に浸透したものは、毒性の残留期間が長いが、太陽の光で徐々に分解され、やがて効果が消滅する。使用書には農薬の残留期間と、散布後何日経過すれば毒性が低くなり、安全かが表示されている。

最近の農家は農薬に関する知識も豊富だし、長年の経験から散布量（濃度や回数）や散布のタイミングもよく心得ている。残留期間をよく注意してチェックした後でなければ、茶摘みをしないことを建前にもしている。といってすべてを監視しているわけでもないから、とりあえず彼らを信ずるしかしかたがないのだが。

ことにお茶は香りを大切にする農産物である。したがって、農薬で異臭のあるあいだは、茶摘みはできない。また消費者は野菜や果物なら、調理する前に水洗いで農薬を洗い流すことができるが、お茶は乾燥しているので洗えない。そのため残留農薬の毒性をいっそう心配することになる。農薬を心配する人は、お茶の葉に農薬が残留しているのであれば、お茶にする前に生《なま》の葉を洗ったらどうか、ぜひそうすべきだという（もっとも浸透性の農薬は、どんなに洗浄してみても、一定の期間が経過し、太陽光線によって分解しない限り毒性は消滅しないのである）。

ところがお茶の葉は元来、水分を嫌う。生葉に朝露程度の水分が付着しているだけで、製造されたお茶はまず香気がなくなり、同時に鮮度が落ちる。仕上がりが黒味を帯びた暗緑色になって艶《つや》がない。そのうえいれたお茶の水色は黒っぽく濁って沈澱物が多くなり、新鮮さがなくなる。お茶の値打ちが下がるどころか、欠陥製品と見なされて茶商の買手がつかない。雨後の茶摘みでつくられたお茶は、「雨芽《あめめ》の茶」、「露芽《つゆめ》の茶」などといわれて、茶商のもっとも嫌うお茶の一つなのである。

ウーロン茶も紅茶も、もちろん日本の緑茶も、早朝の茶摘みは絶対タブーなのだ。日が高くなって露が消えて、はじめて茶摘みが始まる。雨後の茶摘みも同様である。ウーロン茶も紅茶も同じように水気を嫌う。それなら水で洗浄してから水分を取る工夫をしてみては、という人もあろう。だが、これも香気が飛ぶうえに、お茶の葉に艶がなくなる。おまけに手間と費用がかかってコストも上がる。ところが出来上がった製品は反対に品質低下で茶価が下がるから、当然、茶農家が嫌がるというわけだ。とにかくお茶の製造はもともと天・地・人の機微に左右され、科学的に解明できないデリケートな要素によって品質が決定されることが多いから、茶葉の洗浄は大いに考えものといえよう。茶農家に農薬毒性の消滅期間の順守を求める以外に手がない。各地の保健所やチェック機関で、製品のアトランダムな検査を行ったり、お茶の販売者による自主的な主力商品の農薬チェックによって監視していくしか方法がない。輸入茶は通関前に厚生労働省の検疫、食品検査の関門を通らねばならないからいちおう安心だが、これも同じようにチェックしていけばよいだろう。

お茶の農薬問題は、いつでも消費者と販売者の双方にとって頭の痛い問題だ。それに近ごろやかましくいわれだした食品添加物や食品公害問題などと同様、一に栽培者や生産者の厳格な安全管理と安全基準の順守にかかっている。そしていつも一番困るのは、口にする側と売る側だ。生産者はこのことをつねに認識すべきであり、ゆめゆめ忘れないでほしい。検査結果が、たとえ白として毒性が薄く、ほとんどないといっても、害虫駆除に用いられる農薬である以上、たとえわずかでも、農薬が残留していることは好ましくない。それが取るに足らぬ微量であるとしても、身体によくないことはわかりきったことだ。量の多い少ないは別の話なのである。つねに万全の管理とチェックを怠ってはならない。

こんなときだから一言申し添えておこう。

平成二（一九九〇）年七月一日から、すべての食品に添加物の表示が義務づけられた。お茶も例外ではない。農薬を使わず、食品添加物をまったく使わない天然自然のお茶がもっともよいのは言をまたない。しかし、もしも添加物があるのなら、正直に記載すべきである。虫くいの白菜を毛嫌いし、着色した紅たらこを好み、曲がったキュウリを買わないのも消費者だからといって、隠しだてなど、もってのほか。姑息なテクニックなど施すべきでない。もしそういうことが行われれば、さまざまな飲料のなかにあって、健康飲料の代表であるお茶の復権と飛躍を望むどころか、不評を誘って、いま以上の落ち込みになるということにもなりかねない。

あえていう。添加物があれば、堂々と記載すればよい。当局より認可された安全な食品添加物を用い、着香、着味、発色がなされているなら、正直に表示すべきだ。何も毒薬を添加しているわけではない。それがいまの食品業界ではきわめてまっとうなやり方である。茶農も茶商も加工業者も、隠してやることが一番消費者や業界のためにならないことを知るべきだ。

ところで、お茶にかぎらず果物や野菜なども、「無農薬」としたものには気をつけたほうがよさそうだ。本当の無農薬のものもあるが、それはごくごく微量だし、全般に市販されるだけの産量はないだろうし、もしあっても高価である。むしろ「低農薬」と表示したもののほうが正直で好感がもてる。

ところで幸いなことに、近年、茶の農薬問題がまったくマスコミでも話題になっていないのは、生産者のたゆまぬ努力の賜物であり、こと茶に関しては全面的に信頼してもよい安心安全な健康飲料であると信じたい。

茶聖陸羽《りくう》の水を見る目

お茶における水といえば、茶聖陸羽《りくう》の卓見には恐れ入る。

有名な陸羽の『茶経《ちゃきょう》』が書かれた八世紀後半といえば、わが国の奈良時代の中期で、正倉院の建立《こんりゅう》や、『万葉集』などがつくられた時代である。今日でもこの『茶経』が中国茶書の古典の第一にあげられているのは、お茶全般にわたる全書的な著作であるからだ。それは世界で最初のお茶の聖典としての栄誉を担い、燦然《さんぜん》と輝いている。この『茶経』によって当時の中国茶の全貌が理解できるばかりでなく、以後著わされたもろもろの中国茶書は、陸羽の『茶経』をベースにした各論的著述にほかならないとさえいえるほどだからである。

『茶経』は全三巻よりなり、茶の起源、製茶用具、茶の製造、茶器、茶の煮方（点じ方）、飲茶法、茶の歴史、茶の産地、略式の茶（茶器の省略できる略の茶）、茶の図（以上九項目の表示図）の十項目にまとめられているが、なかでも巻頭の「茶者《ちゃは》南方之《なんぽうの》嘉《か》木也《ぼくなり》」に始まるくだりは、とくに有名である。そして第五のお茶の点じ方のなかに、「品水」の一項があって、水の品定めのことが記述されている。

この説の正否は別にして、とにかく以後の中国の水についての規範となっていることに注目しておきたい。

すなわち「其水用山水上《そのみずはさんすいをもちうるがじょう》。江水中《かわのみずはちゅう》。井水下《いどのみずはげなり》」である。つまり山の水が上、川の水が中、井戸の水が下というわけである。われわれ現代の感覚からするとかなりのズレもあり、疑問をさしはさむところや賛成しがたい点もあって、まだまだ議論の余地は残されているが、これは陸羽自ら諸国を行脚《あんぎゃ》して各地の水とお茶のテストをし、総合的に評価を下した結果なのである。

加えて天下の名水を列記し、ランクづけも行っている。現代科学でさえ、いまだ解明困難といわれる水の不思議について、千二百年あまりも以前に陸羽が強い関心の目を向けていたことは大変興味深い。そのためもあってか、陸羽の『茶経』の出現によって、お茶が大いに普及発展したことはいうまでもない。

ところでお茶が普及したのは、一説には、中国でお茶が知られるや、たちまち一種の奢侈《しゃし》的嗜好品《てきしこうひん》となって、お茶を飲むこと自体が身分を誇るあらわれと見なされ、特権意識を大いに満足させたためという。朝廷に献上されるお茶を「貢茶《こうちゃ》」というが、お茶は当時の上流階級にとっても大変高価なものだったにもかかわらず、好んで用いられたのである。貧しい人でさえ、貧しいなりに財布の底をはたいても、お茶を飲みたがったという。吉川英治の『三国志』の巻頭に、幼い劉備玄徳《りゅうびげんとく》が母への土産になけなしの金を払ってお茶を求める物語があるが、フィクションとはいえ、昔の中国の茶事情を、いみじくも雄弁に物語っている。

さて中国大陸の生水《なまみず》は、むかしから飲むのに耐えられないほどよくないとは、つねづね耳にする話である。たまたま良質の水が得られると、すぐ名水などと銘打って、天下に発表され有名になる。むかしから水がよいので世界でも有名なわが国も、最近では水がとても悪くなってきた。全国いたるところから名水と称するボトルが数々市販されるようになってきたのを見ればそのことは理解できるであろう。陸羽は水の悪い中国にあって諸国を歩いて良茶と良泉を探し求め、彼の鑑定によって新たに天下の名水、名茶が加えられていった。

お茶と水とは絶対的な関係にあって、お茶の風味は水によって大きく左右される。よい水が得られればお茶はおいしく飲めるのである。けれども悪い水質の、よくない水にお茶の葉を投ずれば、なんとか飲めるようにもなるのである。また殺菌の意味でもお茶を用いたほうがよいという考え方が先行して、唐代にはすでに庶民のあいだに飲茶の風習が広く普及したのだ、という説もある。

陸羽の『茶経』における水の品定め、すなわち「品水」については、彼の死後、同じ唐代の張又新《ちょうゆうしん》が『煎茶水記《せんちゃすいき》』で、陸羽は水に対して鋭い鑑識眼の持主だったというエピソードを掲げて讃えている。この『煎茶水記』は、陸羽の『茶経』に対して『水経』とも呼ばれ、陸羽の説にしたがって各地のお茶に用いる水にランクづけをした有名な著述である。表題は「煎茶」と名づけられているが、これは今日われわれがいう煎茶の意味ではなく、「餅茶《へいちゃ》」と称する固形茶を粉末にした唐代の陸羽式ともいうべき茶の点《た》て方であった。

唐の代宗のころ（七六二〜七七九年）、李季卿《りききよう》という湖州《こしゆう》（現代の浙江省湖州市）の刺史《しし》（州の長官）が赴任の途中、揚州《ようしゆう》でたまたま陸羽に出会った。李季卿は以前から陸羽の有名なことをよく知っていたので、これさいわいとばかり車を寄せて旅は道連れと、ともに揚州の南、長江北岸の揚子駅《ようす》へ向かったのである。

途中、食事をとろうとして季卿が、

「陸羽先生は茶の名人であることは天下に名高く、知らぬ人とてありません。そのうえ揚子江の南零《なんれい》の水は絶品であると先生が推奨されていることも存じ上げております。このような千載一遇《せんざいいちぐう》のチャンスはまたとあるものではありません」

と、彼は部下に命じて水瓶を持たせ、舟で南零の水を汲みに行かせたのである。

陸羽は茶器の準備をして水のくるのを待ちかまえていた。

やがて南零の水が持ち帰られたので、陸羽は柄杓《ひしやく》でその水を汲み上げて、しばらくじっと眺めていたが、

「これは揚子江の水には違いないが、南零の水ではない。どうやら岸辺の水のようだ」

とおもむろにいった。するとそれを聞いた使いの者が腹を立てて、

「私はわざわざ舟を深く漕《こ》ぎ入れて、南零まで水を汲みにまいりました。これについてはたくさんの証人が見ております。どうして嘘偽りを申せましょう」

といった。陸羽は黙って柄杓で水を鉢に移しながら、半ばに達したとき、にわかにこれを止め、そしてさらに汲み上げながら、

「どうやらこれからが、本当の南零の水だ」

といった。使いの者は飛び上がらんばかりに驚いて、

「私が南零から水を汲んで岸辺にまいりますと、舟が揺れて水瓶から南零の水が半分ばかりこぼれてしまいました。水が少なくなったので、岸辺の水を加えて増やしました。陸羽先生のご眼識にはまったく恐れ入りました。とても隠し通せるものではありません」

と、心からおのれの非を詫びると、季卿をはじめ彼の従者たちは、みな陸羽先生に感服したという。そこで季卿は、陸羽先生に、

「このように鑑識眼のお高いのを目のあたりにいたしましたので、もう一つおうかがいしたいのですが、いままで通過されたところの水のよしあしは精《くわ》しくおわかりでございましょう。それをお聞かせくださいませんか」

とたずねると、先生は、

「楚《そ》の水が第一、晋《しん》の水が一番悪い」

と答えられたという。楚というのは今日の湖北、湖南、江西方面を指し、晋とは現在の山西方面である。

さてそこで季卿は筆記を命じ、陸羽の口述をそのまましたためたのが、張又新の『煎茶水記』にある天下二十名水のランクづけであるといわれている。

いささか神仙めいた陸羽の水にまつわるエピソードであるが、大変有名な話である。

その後の中国の古典茶書には、水についての記述が多い。有名な欧陽脩《おうようしゅう》の『大明水の記《だいみんすいのき》』、劉白芻《りゅうはくすう》の『七水品《しちすいひん》』、宋の徽宗《きそう》の『大観茶論《たいかんちゃろん》』、明の許次紓《きょじじょ》の『茶疏《ちゃそ》』など、いずれも陸羽の「品水」、すなわち山水、江水、井水という考え方を基準にしながら書かれている。

お茶の水についての議論は、今日の日本の常識とはちょっとちがっているようだが、自らの脚でたしかめた経験とそれを分析する鋭い卓見には頭が下がる。先日もたまたま目を通していた田芸蘅《でんげいこう》の『煮泉小品《しゃせんしょうひん》』に、つぎのような興味ある記述があった。

近ごろ流行の市販のミネラルウォーターもその数は大変多く、輸入品の水でさえ店頭を賑わしていていてどれがよいのやら迷うほどだ。瓶入りあり、ペットボトル入りあり、防水紙箱入りあり、これが水かと思われるほどの高価で売られている。中味はなんの変哲もない、ただの水である。そういう事情からか、ひところ家庭で簡便なミネラルウォーターをつくるために、水道水をガラス瓶や壺などの容れ物に入れ、ミネラル成分の豊富な鉱石風小石（麦飯石《ばくはんせき》）を適当に投入して良質のミネラルウォーターにする方法がはやったことがある。

この方法は明の嘉靖《かせい》三十三年、すなわち一五五四年に、この『煮泉小品』の緒談《しょだん》（余談）の項にすでに書かれているのである。良質の水に恵まれない中国で、古くからこのように鉱石を用いてよい水にかえるという方法で、今日でいうミネラルウォーターがつくられていたのである。

さらにまた『煮泉小品』には、「茶は南方の嘉木である。日々これ大いに用いるがよい。その品には、もちろんよしあしもあるが、もしよい水が得られず、かつ点て方が適切でなければ、どんなよいお茶でも効用がない」、そして「水を選ぶについては、お茶も選ばねばならない」と述べられている。

しごくあたりまえのことをいっているようだが、よく考えるとなかなか含蓄のある言葉である。これからの日本のお茶作りを的確に言い当てているし、これほど水が大きな社会問題として取り上げられている現在、改めてじっくりと噛みしめるべき言葉ではなかろうか。

今日わが国の水は、全国的に悪くなっていることは、残念ながらどうしようもない事実である。ひとりわが国ばかりでなく、どうやら地球全体の問題でもある。過去、名水と称された各地のすばらしい水も、酸性雨などが降れば顔色がなくなろう。一面、全国いたるところ水道という画一的な水になりつつあることも否めない。このような現代の水の状況下にあって、消費者の健康に少しでも役立つ、おいしいお茶作りをすることこそ、今日お茶に関与するすべての人に課せられた使命ではないだろうか。水道水が高度浄水処理によって、以前よりは、水質はたいへん良くなったとはいえ、地球環境そのものが、産業発展とともに次第に悪化しつつあることは誰も否定しえないから困ることになる。市民全体の自覚と協力こそ大切なことだ。

水道水でお茶を飲むには

人の身体の約三分の二、六〇パーセント以上は水分であるという。体重六十キログラムの人から、もし水分だけを分離すれば、約三十六リットルを得る勘定になる。人間の身体にはそれほど多くの水分が含まれているのである。人の身体に水がどれほど必要欠くべからざるものであるかは、この事実からもおわかりいただけよう。

食物をまったく取らないで断食をつづけるとしても、水だけは飲むことが許される。一滴の水も口にすることなく十日以上生き長らえることは不可能だからである。それならば、健康な身体を維持するためには、一体どれくらいの水が一日に必要なのだろうか。ふつう健康な人ならば、少なくとも二〜二・五リットルは取らねばならないといわれている。そのうち三度の食事で食べる肉、魚、米、野菜などの食料品から摂取する水分は約四〇パーセントだというから、残りの五〇〜六〇パーセントは、おつゆ、味噌汁、お茶、コーヒー、牛乳、ジュース、そして水そのものなどの液体から取ることになる。総量にして少なくともビール二本分以上を飲みものという形で取っていることになる。

ところで、それらの飲みもののすべてとはいわないまでも、その半分、せめてビール一本ぐらいはお茶であってほしいと私は思う。そうなれば日本人もイギリス人並みのお茶の消費量に近づく。ちなみにイギリス人のお茶の消費量は日本人の約三倍である。お茶ならば人間の身体に必要なビタミンCをそれだけでカバーできるし、ガンの罹病率《りびょうりつ》も低下するし、いっそう国民の保健に寄与するかもしれないからだ。お茶は日常の飲みもののなかでも、ビタミンCを抜群に多く含んでいる。ビタミンCといえばすぐに連想するレモンの、実に四倍以上

（グラム当たり）も含んでいるのである。また成分表で見ると、柿茶はお茶以上のビタミンCを含んでいるが、これはどこの家庭にでも常備しているというものではない。その点お茶は、家庭、職場、そして日本ではどこを訪ねても飲むことのできる、日常生活に深く根をおろした「暮らしのなかの飲料」である。

ほかにもお茶とならぶビタミンや鉄分、ミネラルなどを含む健康や美容によい自然食品や飲みもの《ドリンク》があっても、つねにわれわれの暮らしの中心にあるものではない。しかも法外に高価である。この世に生まれてからあの世へ旅立つまで、つねに座右にあって、毎日安心して飲むことのできるのがお茶である。このように毎日飲んでいるお茶の効用は、たまに思い出したように飲む自然飲料やビタミン剤より、ふつうに考えられている以上にずっと高いに違いない。

さて、お茶と水のかかわりについてである。わが国はもとより中国でも唐代から、水についての論議はお茶の好事家《こうずか》の関心の的であった。ここでは都会の水道水を問題にしよう。都市ではひところ、どこでも年を追うごとに水質汚濁による悪化が目立ちはじめ、マスコミなどでも水道水の水質をさかんに取り上げるようになった。行政関係はもとより重大に受け止めているようだが、家庭でも健康のうえからよい水を求めて浄水器などを使ってささやかに防衛を始めている。

先日も私の住んでいる大阪府高石市《たかいしし》の公害対策審議会に出席して、市内を流れる河川や、大阪湾岸の水質汚濁について、現在までの推移と現状をくわしく聞いた。ところが、市民の健康に直接関係のある水道水については、説明がなかっただけでなく報告書に何もふれていない。聞けば、これは管轄外の問題だという。

事情は各地域で異なると思われるが、ミネラルウォーターなど一部を除いて私たちは水道水から逃れることはできない。お茶の香味や風味は、使う水によって大いに左右される。このことは皆さんわかっているようで案外無頓着なのではなかろうか。つね日ごろ水に深い関心を示し、お茶が売られている地域の水について研究し、その水に合ったお茶作りを心がけているという茶商も案外少ないかもしれない。都会で一般によい水といわれるものを得ることは、とても至難だし、それはいまさらどうしようもない。となれば、せめておいしくない水でも、どうすればおいしいお茶が飲めるようになるかが次善の策となる。そのことを一緒に考えるために、つぎのような提案をしたいと思う。

一、都会の水道水に含まれている塩素イオン（カルキ）を取り除くために水が沸点に達し、沸騰したからといって、すぐ火を止めることなく、せめて三、四分程度は煮沸させつづけること。また、電気ポットやジャーポットなどの自動湯沸かしつきの保温ポットの場合は、沸騰時間が短いので、たびたびボタンを押して、少なくとも三、四回は沸騰させるようにしたい。できればポットの蓋《ふた》を開けて煮沸させることが望ましい。塩素イオンは、汲み置きして四時間くらいたてば、かなり軽減することが知られているから夜間に汲み置きしておくという手もある。生水《なまみず》の煮沸もまた同じ効果が期待できる。

食品中、ビタミンCの含有で上位を占めるお茶、なかでも高級煎茶《せんちゃ》はその含有量が最高であるといわれているが、水に塩素が入っていると、この豊富なビタミンCも破壊される。だから水道水で水出し煎茶をつくるときには、水は必ず煮沸して冷ましたものを用いることが大切である。

ということは高単位のビタミンC剤や、アスコルビン酸末を飲んだとしても、水道水で服用すれば、ビタミンCが破壊されるため効果が減ずることになる。またステーキと野菜サラダを食べたあと、氷などの入った水道水を飲むとすれば、野菜に含まれているビタミンCが壊されるばかりでなく、体温で固まらずに消化されやすい状態にある肉の脂肪を、ふたたび白く凝固させてしまうのがおちである。水を飲んだために生じる、とんでもない結果である。

こういう意味からも、やはり食事時には温かい緑茶や焙《ほう》じ茶、ウーロン茶などを選んで飲んでほしいわけである。

二、このようにビタミンCを取るためにも、深く味わうためにも、日常使っている茶葉の量を少し多めに使用するか、湯量を少なくして濃いめに煎出するようにしたい。

三、おいしくない都会の水に、よく合った香味のお茶を選ぶこと。それにはそういったことをよく考えて販売している熱心なお茶専門店を選ぶことである。茶店選びは、自分の好みに合ったお茶のよしあしを決定する重要な要素でもある。老舗《しにせ》とか有名茶店にこだわることなく、目方、値段とも同じお茶を買ってみて、自分の好みに合う品を得心のゆくまで吟味してみることをすすめる。

その後、私はお茶の水に興味を抱き、心がけて水に関する資料に目を通すようになった。年々都会の水が悪くなっていくこともあって、よい水に対する期待というよりも、むしろ現在の水に合うお茶作りをするほうがよいのではないかと考えるようになった。そのためお茶の生産地の水、すなわち仕入れのときにカップテストをする茶農家の水や取引所の水、地方のお得意さんの水、消費地の水など、機会あるごとに湧き水、渓流の水、水道水などを持ち帰った。化学的な分析はさておき、味覚（うまさのよしあし）と視覚（茶葉の形ではなくお茶の出の湯色の濃淡）、嗅覚《きゆうかく》（香りの高低）という三つの観点から私なりの審査を試み、わが家の水と比較検討して、その差異を把握するよう努めている。

　ということは私の商いの中心は関西だから、消費地である関西の水に適性と思われるお茶作りを心がけ、努力しているということだ。同じ水道水といっても、地域、たとえば大阪と東京、山陰と北陸とはちがうし、あるいは、浄水場から直接来るものと、大都会に近い小都市独自の井水を混合した水道水（軟水と硬水の混合したもの）とはちがうのである。お茶をいれると、それぞれ大変な差がある。とくに目で見たお茶の湯色、苦渋味《にがしぶみ》にも、大きな変化や差異が出てくるので、いまさら水などとお笑いになるかもしれないが、一口に水といっても無視できないほど、多様な水質があるのである。

　たとえば、産地の水で、とてもよいお茶だと自信をもって仕入れてきても、都会の水でお話にならないほど茶の湯色が薄く出のよくないものや、産地の水で、少し湯色のよくない濃い濁りのあるお茶を選んできても、都会の水ではすばらしい水色の茶であったり、飲み水としてうまく感じた水が、必ずしもお茶をいれておいしくなく、苦味や渋味が強く感じられる水、水色が赤くなる水、全然出ない水、お茶の香りが一段と高くかぐわしくなる水など、その変化には興味津々《きょうみしんしん》たるものがある。

　とかくミネラル分の豊富な湧き水や井戸水は、むかしからおいしい水とされている。カルシウムやマグネシウムなどのミネラルが炭酸と結びつき、水に溶けて混じっているから、口に含むと粘膜が軽く刺激されて、爽やかに感じられるのだ。とはいっても、ミネラル質があまり多すぎると、こんどは逆に渋味、苦味を強く感じるようになってうまくはなくなる。お茶の焙炉《ほいろ》が強いとか、蒸しすぎて粉っぽい特蒸《とくむ》し茶《ちゃ》や深蒸《ふかむ》し茶《ちゃ》など、とかくこれらのお茶を批判する人も多いが、それらのお茶はそれなりに、その地域の水に合っているという認識を得たことも大きな収穫であった。

いずれにしても、無味無臭に近い微妙な水のよしあしを判定することは、むずかしいことである。そのときどきの環境やムードに支配されて、うまさの感じ方が変わることも多い。世間であの水はうまい、これはよくないなどと、気やすく取り沙汰しているが、水の質なんてそんなに簡単にわかるものですか、微妙な味のお茶の審査判定でさえなかなかわからないのに、まして無味無臭の水のことを、といいたくなる。

山登りをしていて喉が渇いたときに飲む渓流の水はどんな飲みものよりもおいしく感じられるし、生ぬるくカビ臭い都会の水は、少々喉が渇いていてもおいしくは感じられない。だが、アイス・ウォーターにすれば都会の水でもカビ臭が少なくなっておいしく感じられるのは日常経験することである。

とかくお茶の水には不思議が多い。

宮水《みやみず》はお茶によいか

人間が生きていくためには、水がどんなに大切なものであるかはいうまでもない。だが、空気や水となると、私たちの誰もが日ごろきわめて無関心で、そのありがたさや必要性を実際に感ずる場面にあまり出くわすことがない。自然の恵みを受けるのは当然の権利だと、とかく無視しがちだし、よほどのことがないかぎり、水や空気のありがたさに気づく人も少ない。

しかし、私たちは自分の体や栄養のことになると、無関心どころかあれこれと大変神経質になり、新聞、雑誌などの健康欄に目を通すのはもちろんのこと、人からの話にも大いに耳を貸す。そして法外に高価な健康食品や自然食品の類に、なんのためらいもなく高い金を払うことも厭《いと》わない。ところが、一日に二リットルから二・五リットルの水分をどうしても摂取しなければならないにもかかわらず、その肝心な水のことになるとわりあい無頓着のように思われる。最近かなり水への関心が高まってきたというものの、私の見るかぎりまだまだの感がある。

ビタミンCの豊富なお茶でも、沸点に達しない塩素イオン（カルキ）分の多い都会の水道水のお湯でいれたのでは、お茶の成分にも重大な影響をおよぼして、ビタミンCの効果を半減させ、ただの色つきのお湯を飲んでいるような結果になる。ところが、この水についても大昔の先人の知恵には頭が下がる。化学的な知識が判然としていなかった千年以上もむかしでさえ、水についての的確な判断が、長年の経験の蓄積によって確立していたからである。大自然の摂理をよくよく理解していたことはまさに神業としか思えない。

たとえば灘《なだ》の宮水《みやみず》である。

水を探り当てた過程は知らぬが、いまから何百年もまえに、酒造りにもっとも適した水を探し当てて灘五郷という日本の代表的な醸造適地をつくり上げ、今日でもなおその威力をいかんなく発揮して、灘の生一本《きいっぽん》の名声を保持している。それも宮水というお酒に合った名水の発見があったればこそであり、このようなむかしの人の知恵には敬服するしかない。

「宮水」は六甲山脈に源を発した山水と海水の合流する地点に湧く水で、これの分析によると、カリウムがほかの地下水に比べて二倍も多いという。そのうえカルシウムも大変多い硬水で、いずれも酵母の活動を活発にするはたらきがあるが、鉄分はまったくなく、このために上質のお酒ができる。この水は酒造りには理想的な水だといわれ、近ごろ自然食品店などでも、「灘の宮水」と銘打って販売されているが、飲んでみてそううまい水とも思えない。口にしたときそれほどでもないのに、どうして酒造りに最適な水なのか。その謎は、近代科学の粋をもってしてもいまだに明確に解明されていないと聞いている。水についてはまだまだ人智のおよばない世界があるのであろう。

しかし、宮水は決してお茶に適しているとは思えないし、事実、私たちの味覚テストでは、酒造りに適していても、お茶によい水であるとはいいがたい結果が出ている。お酒の水のよしあしと、お茶に合う合わないとは別の問題だ。だからといって、毎日飲む水としては、当然ミネラル成分の多い水のほうが、健康によいに違いない。

戦後の日本人の衣食住の暮らしぶりは、ひところより大いに西欧化して、なかでも三度三度取る食事には、肉類を中心とする動物性タンパク質が優位を占めるようになった。一方、日本の水は、むかしから比べると悪くなったとはいえ、飲んでうまい水であることは、いまでも世界で指折りである。水道の蛇口から直接飲める水が出る国はそうざらにはないからだ。このことは海外旅行の経験のある人には容易に理解できよう。しかし、欧米の水に比べてカルシウム分が、世界の水の平均値の二分の一程度で、段違いに少ないという。だから、栄養価が高いといって、肉や卵などの酸性食品を多く取りすぎると、栄養のバランスが崩れやすくなる。

また、いかに多くの野菜を食べて中和をはかったとしても、日本の土壌から採れるものは西欧のような石灰岩の土壌に育ったアルカリ性の強い野菜と実質が異なるから、取るとすれば馬や牛が食うように、よほど大量の野菜を取らなければならないといわれる。この日本の水のカルシウム不足を自然に補ってきたのが小魚や海藻の類、そしてアルカリ飲料の緑茶なのである。これも自然が育《はぐく》んできた、むかしからの日本人の知恵であるというのは実に驚きだ。

近ごろでは、これらのカルシウムを多く含んだ食品を食べたり飲んだりする機会も少なくなった。若い世代の親たちは、自然の、身体のためになる保健食品は手間がかかるといって調理を好まず、簡単に食膳に供することのできる干魚や海藻類さえ食べることを避けている。子供たちの骨折の多いことも、歯並びの悪いことも、実は食べものや水に原因があるというし、むかしなかった病気や、こんご得体《えたい》の知れない病気も多発する遠因になるだろうと、危険信号を出す人さえいるほどである。

欧米人の肉食は、カルシウム分の多い硬水を飲むことと、石灰岩土壌に根を張った強アルカリの野菜をたくさん毎日の食事に取り込んでいることによって支えられている。そうすることによって適当なバランスを保っているのだといわれるが、これなど日本人の肉食とはちがっていることをはっきりと認識するべきだ。

また欧米の水がおいしいとか、おいしくないとかということも別の話であり、その地の水の性質から緑茶が拒否され、赤く煎出される紅茶やコーヒーが根づいたのであろう。しかもそれが彼らの嗜好《しこう》にも適し、食事にも合った国民飲料となった背景には、他の歴史的影響や経緯などとは別に、長い年月にわたって経験を蓄積していった人間の知恵がはたらいているのではなかろうか。

なんでもない日常茶飯《にちじょうさはん》の食べものや飲みものを採用し継続していく過程のなかに、先人のはかり知れない経験と知恵が生きていて、いかに今日、社会が合理的で科学的になったとしても、先人の経験に潜《ひそ》む教えを、現代人はいま一度謙虚に見つめなおさねばならないように思えてならない。お茶の悠久の歴史そのもののなかにこそ、身体によい飲みものという先人の知恵が潜んでいるのである。

冷用茶を考える

冷たいものを飲むと腹をこわすぞと、私の子供のころ、両親や年上の人たちからよく諭《さと》されたものだが、近ごろの日本人は季節を問わず、ずいぶんと冷たいものを飲むようになった。むかし冷たいものといえば、小川のせせらぎにつけておくスイカやラムネ、井戸水で冷やした素麺《そうめん》や冷や奴などで、これらは見た目にも涼やかな夏の風物詩であった。もちろんそのころは今日のような電気冷蔵庫なぞ、どこを見回してもほとんどなかったし、たとえあったとしても銅板張りの分厚い開き扉のもので、なかの金庫風の箱の上段に氷の塊を一貫目(三・七五キログラム)、二貫目と放り込んで、その冷気で冷やすというしつらえのものであった。朝夕、リヤカーに積んだ大きな氷を切って売り歩く氷屋さんの姿もまた真夏の代表的な点景であった。

ところがこのような冷蔵庫でも、よほどゆたかな家庭か、商売用の飲食店にしかなく、ふつうの家庭で氷があるのは高熱の病人が出たときか、よほどのことがあった場合で、平素は氷の一かけらさえない生活だった。戦前はそれほど冷たいものを飲んだり食べたりしなかったし、食料品を一度に買いだめして冷蔵庫に保存しておくような生活でもなかったのである。

ひところ、紙と砂糖の消費量が多い国ほど文明度が高いといわれたことがあった。なるほど紙については依然としてその地位を保ちつづけているかもしれないが、砂糖となると、ちょっと首をかしげたくなる今日このごろである。文明度が高い国の人間ほど糖分の摂取を敬遠しがちだし、砂糖をはじめ、カロリーが高く、身体のなかで糖分に変化する食品は肥満と糖尿病を恐れて拒否するからである。その伝からいえば、氷や冷たいものがその国の生活水準をはかるバロメーターになるのではないかと私には思えるのだ。アメリカがベトナム戦争に負けたのは、実に氷がなかったからだという、うがった見方もあるが、これなども一つの論拠といえよう。

現在のように、わが国で広くウーロン茶が飲まれるようになったのは、文句なしにドリンクタイプの缶ウーロン茶のおかげである。冷やして飲むウーロン茶の商品化は、これまで考えもつかなかった画期的な方法だった。この缶ウーロン茶の成功は清涼飲料業界全体に刺激を与え、以来、つぎからつぎへと冷用茶が商品化されて、町角のベンダーに入りきれなくなるほどアイテム数の増加をもたらし、ついに今日のペットボトルにいたるようになる。

だいたい東洋人には、一般にものを冷やして飲んだり食べたりする習慣がなかった。とはいえ、約二千五百年前の中国の周時代に「凌人《りょうじん》」という官職があって、冷蔵と氷の受持ちを管理していた記録があるし、新羅百済《しらぎくだら》時代の朝鮮半島や、わが国の飛鳥《あすか》、奈良時代にも氷室《ひむろ》なるものがあって、冬の氷を夏まで保持するようにしつらえた遺跡が残っているが、これは特権階級の非常にかぎられた人が使用したもので、一般庶民にはまったく縁がなかったといえるだろう。

むかしの中国の宮廷料理などに関する料理書を見ると、満漢全席には一週間あるいは十日、いやそれ以上かかって食べるコースもあったというが、これは飲んだり食べたりすることだけに終始するのではなく、庭を散策したり、音楽を聞いたり、ゲームを楽しんだりと、客人を大いに遊ばせて腹を空《す》かせてはご馳走をするといった、非常に大がかりな接待なのである。ところがそのような宮廷のフルコースのなかにも、冷やしたものを供するという記述は見当たらないのである。たとえあったとしても、必ず素材は火の通ったものなのだ。

宋代までは中国でも早く口にできる生《なま》のものを食べたと伝えられているが、文明度が高くなったことや疫病などの流行に悩まされたことで、しだいに避けるようになったといわれている。だからその後の中国料理では、原則として果物以外は決して生ものを口にしないようになり、料理の彩《いろど》りとして用いられる生野菜でも、中国人はまったく箸《はし》をつけなかった。これは洗う水の悪さや、下肥《しもごえ》による寄生虫、流行病《はやりやまい》などに煩《わずら》わされるのを恐れて敬遠したためであろう。中国料理にこれまでサラダの類を滅多に見かけないのはその名残りであると思われる。でも近ごろは西洋料理に感化され、ぼつぼつ出されるようにはなった。

中国人は伝統的に食べものだけではなく、飲みものでも冷たいものはあまり飲まない。いまでも冷蔵庫のない奥地へ行くと、常温の生ぬるいビールが平気だし、スイカも生温かい。ところがこれがいっそう強烈な甘さを感じさせる。なかでも国民飲料であるお茶を冷やして飲むなどということは、とんでもないことなのである。

中国が発祥の地である紅茶も、冷やしてアイスティーにする発想は欧米人によるものである。

こんな話がある。イギリスのリチャード・ブレチンデンという人が、セイロン（スリランカ）やインドの紅茶の宣伝を依頼され、一九〇四年のセントルイスで催された博覧会で宣伝・販売したが、まれにみる猛暑のため熱い紅茶に人々は見向きもしなかった。そこで氷を入れて冷たい紅茶にして出すと、飛ぶように売れ、冷たい紅茶がはじめて飲めることが知られたという。その後、それにレモンを添えて、より清涼感を増すことを考え、今日のように定着するようになったという。真偽のほどはどうかと思われるが、意外な発想が人々に受けたということはたしかなようである。ちなみに紅茶にレモンを添えるアイデアはロシア人の習慣で、ビクトリア女王の長女、プロシアのフリードリッヒ三世の皇后になった第一王女のビクトリアによって紹介されたと一般に伝えられているが、これなどもすでに明時代の中国には、それに近いものがある。ただし柚子《ゆず》、橙《だいだい》などの柑橘類《かんきつるい》の皮を細かく切りきざんでお茶の葉と混ぜて乾燥したもので、生のレモンを直接茶の湯に入れたものではなかったようであるが。したがって中国が発祥の地であるウーロン茶も、もともと中国人は熱くいれて飲んでいたわけで、冷やして飲む方法を編み出したのはほかならぬわれわれ日本人なのだ。ドリンクタイプの缶ウーロン茶がわが国で流行しはじめたころ、冷やして飲むことについて、当時の中国の茶業関係者に意見を求めたことがあったが、彼らは一様にノーコメントだった。

昭和四十五（一九七〇）年のことである。台北市内のとある上海風呂《シャンハイぶろ》（サウナ風呂に近いもの）に行ったときのことだ。湯上がりに熱いジャスミン茶が出されたが、体がほてっているうえに舌が火傷《やけど》するようで、とても飲めたものではない。「請您給我氷塊《チンニーケイウオピンクワイ》」と、かち割り氷を特別に注文し、蓋碗《がいわん》（日本の茶碗蒸しのような受け皿と蓋つき茶碗がセットになったもの）に入れ、冷茶にして飲んだことがあった。するとまわりの人が奇異な眼差しで私を見つめている。日本人は妙なことをするなあと、内心でせせら笑っていたのかもしれない。香りを楽しむジャスミン茶は、熱いお湯で飲むのが建前だからである。紅茶やウーロン茶などの紅《あか》く出る系統のお茶は、味で飲む緑茶とちがって、もともと香りで飲むものである。香りを楽しむ飲みものを冷やして飲むと、たちまち匂いがなくなってしまうのだ。これは多少カルキ臭が残っている水道の水に氷を入れて飲むと、嫌な匂いが感じにくくなるのと同じである。しかしそんなことはおかまいなく、紅茶やウーロン茶のみならず、もともと香りの薄い日本茶でさえ、冷やして飲むというのが新しい発想なのである。

中国人や私たち茶業者から見たそんな常識はずれのことが、実は欧米人や日本人の若者たちに大いに受けたのである。コロンブスの卵は意外なところにあったというわけだ。ただ一つ私が不満に思うのは、冷やして飲むためには、どんな紅茶、どんなウーロン茶、どんな日本茶がもっともわれわれの嗜好《しこう》に合うかという研究がまだまだ十分でないという点である。冷たければお茶なぞなんでもいいというのはどうかと思うのだ。紅茶や緑茶はまだしも、ウーロン茶に関しては、なじみのうすかった日本で、短期間に全国各地で爆発的に飲まれてしまったから、ドリンクタイプの缶入りウーロン茶やペットボトル入りのウーロン茶、あるいは緑茶類を本来のウーロン茶や緑茶だと思い込んでいる人がほとんどと思われる。ところがこれがまったくちがうのである。本当においしいウーロン茶はあのようなものでない。緑茶もそうだ。浸出液の濃度も問題だし、香りが第一まるでちがう。

冷やすにふさわしく、冷やすことによって、いっそうおいしくなるお茶の葉選びをもっともっと考えてほしいと私は思う。そうしたことが、本当にお茶を生かして飲むことになるからだ。これはひとりウーロン茶にかぎらず、日本茶にも紅茶にも同じことがいえる。それは私たち日本人のつぎの世代の人々の味覚のためにもとても大切なことだと思うのだ。

お鮨屋さんのお茶

われわれ日本人の好む食べものにお鮨があるが、この早鮨が誕生した同じ江戸中期、それまで上流階級のあいだで茶の湯として飲まれていた抹茶《まっちゃ》系の粉末のお茶から葉茶、つまり今日飲まれている煎茶《せんちゃ》や玉露《ぎょくろ》などの急須《きゅうす》で出す淹茶用《えんちゃよう》のお茶がつくられるようになって、一般庶民もぼつぼつ口にできるようになった。いまのお茶ができたのは、早鮨が庶民の人気を得るようになったころと前後するのである。完成したときが一致するだけでなく、このお鮨とお茶はもともと相性がいいのである。西洋料理がおいしいワインで引き立てられるように、おいしいお茶がお鮨の味をこのうえなく引き立てているのだ。

いかに奇抜な食が謳歌している現代とはいえ、コーヒーやコーラでお鮨を食べたり、ましてや健康ドリンクでお鮨をつまむ人は少ないだろう。お茶とお鮨は、元来切っても切れない関係にある。私も相当の鮨好きのほうで、仕事の関係で各地を歩き回るさいには好んでお鮨屋を訪ねることが多い。

さて、のれんをくぐってカウンターに腰かけると、どこでも「お飲みものは」とくる。生来、酒が飲めない私は、そんな第一声にはいささか腹立たしさを覚える。酒が飲みたければ酒屋へ行くよ、うまいものを食いに来たんじゃないかと、内心そうつぶやきながら、酒がいらない旨を告げると、いきなり熱い、たっぷり入った背高の湯呑み茶碗が無作法に、でんと目の前に出てくる。ひどいところは茶碗を片手で鷲づかみにして出す鮨屋さえたまにはある。その鮨屋の茶碗のタイプは全国申し合わせたように共通で、ほとんどこれといって代わりばえのしないものだ。私はこれを見ると、お鮨を食べてほしいのか、お茶でお腹をいっぱいにさせようというのか、どちらなんだといつも考えてしまう。

大きい茶碗だと、食の細い人ならお鮨の五つ六つもつまんでお茶を飲めば、お腹がいっぱいになって、それ以上食べられなくなるのではなかろうか。お鮨をたくさん食べてもらって売上げを上げたければ、少し小ぶりで、内側の白い煎茶茶碗のほうがよいと思うがどうだろう。茶の湯色が見えて、お鮨がいっそうおいしく味わえるからだ。飲みものや食べものは環境と見た目、それも器がとくに肝心である。むかしから、よいお茶はつねに小碗で飲むものだ。それに対して喉が渇いたときには、大きな茶碗で飲めばいい。玉露茶碗、煎茶茶碗、晩《ばん》茶《ちゃ》茶碗とそれぞれ大きさに区別のあるのは何よりもそのことを物語っている。小碗だと何度も差しかえねばならない、手間がかかるといわれるのなら、それはサービス業というものをご存じない人の言である。

さて、その差し出された背高のお茶碗の中味である。お茶の湯色を眺めながら一口飲んでみると、一様に香りがない。私たち実務家はお茶の湯の色と香りでほぼ品質が判断できる。たいていのお鮨屋では、茶漉《ちゃこ》し網《あみ》に、粉茶をスプーンに何杯か入れて熱湯をかけただけのものを使っているから、お湯を注いだ当座はお茶の香りがあるかもしれないが、飲む客の前に運ばれるころには肝心の香りは散じてしまって、ただの色つき湯となる。そのうえ、深く大きな茶碗にたっぷり注がれたお茶は、緑の茶の色が壁土色に変じて、見た目にもおいしさが半減するものだ。玉露粉や上級煎茶粉の高級店、下級煎茶粉の大衆鮨屋と、使っているお茶の葉のよしあしはあろうが、それとは別に同じような茶器を使い、一律に同じようないれ方をするものだから、お茶がおしなべておいしくないのである。

つけ醬油を吟味しているお鮨屋にはときどきお目にかかることがあるが、お鮨のことを考えて、お茶とお茶のいれ方まで吟味している店はまことに少ないように思われる。お鮨をおいしく食べさせるためにも、もう少し茶葉の選択とお茶のいれ方を勉強なさってはいかがだろうか。とりたててめずらしくもないお茶とはいえ、その店しか飲めないお茶を出すお鮨屋、それもこのようなご時世だからこそ大切なのではないかと思う。

ところでお鮨屋さんでは粉茶か芽茶《めちゃ》（関西では真粉《じんこ》と呼んでいる）、あるいは芽茶と粉茶のブレンドしたもの、さらには煎茶や玉露を出している店もある。お店の格や商品の質によって、使うお茶が変わってくるのは当然であろう。茶商の立場からいって、お茶の香味とうま味にかぎれば、芽茶、葉茶に勝るものはない。粉茶を用いることは経済性もあって一概に否定はできないが、一番の問題は茶漉し網で茶を出すことにある。

葉茶にしろ、粉茶にしろ、お茶は熱湯をかけているときと、かけ終った瞬間に一番ゆたかな香気がたつ。だからむかしから急須という蓋《ふた》つき茶器を使うのは、香りを逃さぬようにお茶をいれる工夫なのだ。中国の蓋碗《がいわん》にしろ、蓋杯《がいぺー》（蓋つきで背の高いコーヒーカップのような手つき茶杯）もまたお茶の香りを逃さぬため、冷めぬために工夫されたものだ。このように中国、日本を問わず、茶器は長いお茶の歴史のなかで、喫茶を継承してきた経験と研究の蓄積の結果たどりついた結論なのだ。それに茶葉は、お湯に浸してはじめて蒸れ、徐々になじんで潤《うるお》って、お茶の葉に含まれているうま味の成分が滲《にじ》み出る。どっぷりと落ち着いて湯舟につかる入浴と、頭からシャワーを浴び、早々に浴室から立ち去る入浴法とのちがいともいえる。お茶のいれ方もまた、まさに入浴のたとえ通りである。茶漉し網に粉茶を入れ、湯通しするシャワー型淹茶法より、芽茶、葉茶、粉茶のどれでもよい、急須に入れてお湯を注ぎ、しばらく置く。これが肝心である。茶の湯の濃さを平均化するためにはいれる茶碗を並べて少しずつ均等に注ぐ。第一煎、第二煎……と順々に均等に茶碗に入れていけばいい。それが面倒というのなら二つ急須を用意して、一方の急須に注ぎかえて、茶碗にふたたび注ぎわければよい。

よい茶葉を使ったほうがおいしいお茶が得られることはいうまでもないが、お茶はいれ方の上手下手によってかなり香味に差が出てくるもので、ややもするとお茶そのものがちがうように感じられることさえある。このようにいえば、きっとお鮨屋の主人は戦場のような職場で、そんな悠長なお茶の出し方はとてもできないとおっしゃるにちがいない。そこなのだ。

どこにでもあるやり方でお茶をいれるのなら誰にでもできる。どこの鮨屋さんでもやらないやり方で上手にお茶をいれる、それが商売の要諦《ようてい》ではなかろうか。お鮨屋ばかりではない。町の和食堂、鰻屋さん、蕎麦屋さん、あるいはどこの料理屋さんに行っても、はじめに出されるお茶の香りと味で、その店のものを食べなくとも、料理の質が想像できるというものだ。いかに構えが立派でも、いかに老舗《しにせ》の看板を誇っていても、はじめに出されるお茶が心のこもっていない、おいしくないお茶だと興ざめである。サービスだからお代が取れないといって、いい加減なお茶を出すようでは、大した店ではない。お茶はお金がとれないわが国独特の無料の文化だ。

ところで、お鮨屋の場合である。うまく炊き上げたごはんの上に新鮮な魚介類の切身をのせてお客に供する。白身や貝類などがのっている握り鮨には、あまり濃くなく、さっといれた高級茶を小碗で。赤身、青身の場合には濃いめのお茶。煮物、焼き物には、薄めに出した焙《ほう》じ茶などはどうだろうか。最後の「あがり」は口の生臭味を消す意味で、濃い焙じ茶か玄米茶、客の好みならウーロン茶などもよい。とかくお鮨に合わせてお茶の種類を変えてみるのもおもしろいではないか。客の好みによる変化もよくよく考えてみることだ。もっとも西洋料理とちがって、お鮨はあれこれ種類を取り混ぜて食べるので、そのつどお茶を入れかえるというのはお客にとってもせわしないし、出すほうは手間もかかるし、出すタイミングもむずかしい。好みが一定のお客や、おなじみには頃合いを見はからってお茶に変化をつける配慮があればよろこばれると思うが、どうだろうか。

夏の暑いときなどは最初にティー・オンザロックで、ガラスコップに蒸しの深い、清涼感溢れる緑色の煎茶か玉露を一煎いれてみるのもおつなものだ。緑茶のアイスティーのオンザロックは食欲をいっそうそそるものだから。

健康食としての茶粥《ちゃがゆ》

戦後の食糧難の時代が過ぎ、やっと白い飯がいつでもどこでも食べられるようになると、幼いころから朝食にお粥《かゆ》や茶粥《ちゃがゆ》を食べて育った私は、味噌汁と飯を食う人々にいささかコンプレックスを感じたものだった。ところで飽食、飽食の暮らしが久しくつづくようになってくると、反対に粗食の代表のようなお粥や雑炊《ぞうすい》の類が見直されたのだから懐旧の念あらたなるものがあって、感慨無量である。

そもそも常食しない人にとっては、茶粥は大変めずらしい食べものかもしれない。今日われわれが口にしているような日本料理が開花し、暮らしに取り入れられ、それらがほぼ完成したと思われる江戸時代中ごろの十八世紀、茶粥はすでに庶民のあいだにふつうの食べものとして存在していた。ことに関西は茶粥どころである。今日でも、大阪、奈良、和歌山、三重、愛媛、山口、島根などの西日本の府県の一部、または大部分で、朝食に茶粥を炊く習慣がかなり残されている。そのほか日本の各地にも、まだ調査すればかなり茶粥を食べているところがあろう。

しかしこれらの地方でも、茶粥は戦前、どこの家庭でも見られた毎朝の食事であったが、近ごろでは茶粥を炊く回数が非常に少なくなっている。朝食が茶粥だった私の家でも、年寄りがいなくなってからは茶粥を口にする機会もめっきり少なくなったが、郷愁のあるなつかしい食べものといえる。お粥は腹一杯食ったとしても、柔らかくて水っぽい食べものだから胃に負担がかからず、消化によく、すぐ腹がへる。満腹感が得られて、おまけに米の飯よりカロリーが少ないから、ダイエット食品としても恰好の食べものである。さらにはまたローカルな郷土料理としても脚光を浴びるようになってきた。

そんな健康食である茶粥は、漬けものを友に熱いのをふうふういって急いでかっ込み啜《すす》ることが間々ある。それがまたうまいのだが、食道や胃壁を傷《いた》めたり刺激するからガンになりやすいと、一時はとても騒がれたものだが、今日ではあまりうるさくいわなくなった。むしろお粥の効用が強調されるようになり、お粥や雑炊がブームになっている感さえある。およそお粥は歴史的な記録もさることながら、自然に考えて、当然そこに落ち着くであろう米の飯へと進化していった。言い換えれば、もともとお粥をつくって食べていたのが、しだいに硬めのお粥となり、やがて飯へと移っていった。

ところが茶粥は、お茶というものがあってはじめて成り立つ。だからまずお茶を飲むということがなければならないし、あわせて茶葉の利用法に考えをおよぼさなくてはならない。そう考えてみると、今日の茶粥のようにお茶の煎汁に米を入れて炊く方法は、ずいぶん後の世になってのことのように思われる。むしろ米の飯にお茶の浸出液をかけて食べる「お茶漬け」のほうが早かったかもしれない。井原西鶴の『好色一代男』にも茶漬けの話があり、茶漬けはすでに十七世紀には一般化していたようだ。

中国の喫茶史を見ると、唐代以前から穀類、豆類、果実、木の実などのおつまみの類を、お茶の煎汁または茶の湯に入れ、香料や塩を加えて飲んでいた「まぜ茶」あるいは「雑茶」がもっぱら庶民の飲茶の形態であった。そのようなものを何も加えないお茶だけ飲む「清飲」よりも、雑茶のほうが大衆によろこばれ、歓迎されていたのは、それほど遠いむかしではない清朝にまでおよんでいるのである。つまりわが国の出雲のボテボテ茶のほうが、茶粥よりも先行していたといえるのではなかろうか。そうなると、茶粥より茶漬けのほうが古いということになる。

いろいろ調べてみると、中国には、「茶粥《ちゃきゅう》」というものが太古からあったが、わが国の「茶がゆ」のようなものがあったという話は聞かない。多彩なお粥のある広い中国のこと、断定するのはむずかしいが、雑茶が茶粥《ちゃがゆ》に進展したという形跡はないようだ。また汁かけは中国人の好む食べものだが、日本の茶漬けのようなものも見当たらない。どうやら茶粥はわが国独得の粥らしい。

葉茶系の煎茶《せんちゃ》や晩茶《ばんちゃ》が生産されるようになった江戸時代の中ごろになって、はじめて茶粥が炊かれるようになったのではなかろうか。抹茶の時代には、お茶は高価で貴重品であったから、一般にまず抹茶で茶粥を炊くことはなかったであろうと思われるが、安ものの抹茶を粥に入れて炊いたものが大阪河内でも現にある。

そもそも中国では、「煮テ羹《あつもの》ト作《な》シテ飲《の》ム可《べ》シ」と、漢代以前の古い書物『爾雅《じが》』に、蔬《そ》菜《さい》の羹《あつもの》と同じような原始的なお茶の用い方が述べられている。またお茶の芽と胡麻《ごま》を混ぜ合わせて擂鉢《すりばち》で擂り、水を加えて煮る、いわゆる「擂茶《らいちゃ》」らしきものや、「茶粥《ちゃきゅう》」とか、「茗《めい》粥《きゅう》」などの字句が、晋《しん》から呉《ご》のころにあって、これはお茶の葉を煮て飲んだように見受けられる。

陸羽《りくう》の『茶経《ちゃきょう》』下巻、七之事（茶の歴史）にも「茶粥《ちゃきゅう》」の文字が見えるが、布目潮渢氏は、わざわざ「だしちゃ」とカナをふり、茶葉を煎飲したものと解しているから、今日の茶がゆと、まったく異質なものであることを了解しておかねばならない。

わが国では、江戸時代初期の寛永二十（一六四三）年、『料理物語』という料理書に、「奈《な》良《ら》茶《ちゃ》」なる言葉が見られるが、これはおそらく今日の「大和茶《やまとちゃ》」そのものをさすのではなく、お茶の煎汁で煮た茶飯のことをいうのであろう。それに「まつちやを少いりてふくろに入て、あづきと茶ばかりせんじ候」とあって、茶粥らしき調理の記録がある（松崎芳郎編著『年表茶の世界史』）。この「まつちや」は、たぶん粉茶のことであろう。抹茶なら袋に入れる必要はない。

享保十五（一七三〇）年、『料理綱目調味抄《りょうりこうもくちょうみしょう》』なる料理書に、「奈良茶飯」、「茶粥」という字句が見られるが、これがおそらくわが国初の茶粥の正式記録であるかもしれない。

その後、十八世紀から十九世紀初頭にかけ、江戸のいろいろな料理書のなかに、「茶粥」、

「奈良茶飯」、「甘藷茶粥《かんしよちやがゆ》」、「炒大豆茶粥《いりまめちやがゆ》」、「小豆茶粥《あずきちやがゆ》」などと、茶粥が列挙され、天保年間にいたっては、「大和の国揚茶粥《くにあげちやがゆ》」、「入茶粥《いれちやがゆ》」、「薩摩芋茶粥《さつまいもちやがゆ》」など、変わり茶粥も散見されるようになり、まさに茶粥のオンパレードである。こう見てくると、茶粥の歴史は、それほど古いものでもなさそうだ。

さてその茶粥だが、大和から伊賀、紀州、泉州、河内にかけては、家々によって多少異なることもあるが、標準的な炊き方をご披露しておこう。

まず鍋《なべ》か釜《かま》に、水一〇カップを入れ、晩茶か煎茶の粉をよく炒ったものを木綿の袋に入れる。今日ではティーバッグという便利なものがあるのでこれを放り込んで煮立ててもよい。お茶が適当に煎出され色がついたころを見はからって、そこによく洗った「洗い米」一カップ程度を入れ、ふたたび煮立ってきたときにティーバッグを取り出し、塩少々(小さじ二分の一、漬けものと一緒に食べるから塩味をつけないところもある)を入れて、とろ火で約二十分あまり炊いて出来上がる。茶汁の濃さ、粥の粘り(軟硬)はお茶の量か、水加減でお好きなように。火を強くして粥汁を吹きこぼさせては、さらっとした茶粥はいただけない。火を細くして鍋の蓋《ふた》をとり、粥汁を吹きこぼさないようにするのがコツである。

生《なま》の洗い米からお粥を炊くと、とかく時間がかかる。急ぎのときには冷飯《ひやめし》や食べ残しの硬くなったのを茶汁に入れて炊く茶粥もある。俗に「入《い》れお粥《かゆ》」といって、簡便な茶粥の調理法だ。いわば雑炊ふうの茶粥だが、これも結構いただける。食欲のないときなどに、手っ取り早くつくれる茶粥だ。もっとも冷飯を水で洗って、一粒一粒バラバラにしておいてもよい。むかしは木綿か晒《さらし》の目の粗いガーゼ状の袋に、晩茶の葉を手でつぶして強く炒ったものか、焙炉《ほいろ》香の強い安ものの煎茶粉を入れ、巾着《きんちゃく》のように口紐で結んで茶殻《ちゃがら》が出ないようにして用いた。これは「茶袋」と書いて「ちゃんぶくろ」と親しみのある呼称で呼ばれているが、近年ティーバッグという便利なものが売り出されるようになった。まさに「茶《ちゃ》ん袋《ぶくろ》」の代用で、使い捨てで、煮出しても破れることもなく結構用が足せる。

ちょっと話が脱線するが、かつてお茶の好きな者ばかりが集まったとき、ティーバッグのルーツが話題になったことがある。

ある人は一八九六（明治二十九）年、A・V・スミスなる人物が、ロンドンではじめてティーバッグを発明し、特許を取得したという。またある人は、一九〇四（明治三十七）年、ニューヨークの商人トーマス・サリバンが茶のサンプルを送るため、絹の袋をつくって茶葉を入れたのがはじめだという。今日、無臭のフィルターペーパーでつくられるようになっているが、よくもまあ特許が取れたものだとおかしくなる。

冗談はさておき、いずれも歴史的というか、記録としては間違っていると主張したのは私である。なんといってもわが国の茶粥の「茶ん袋」が、茶粥の歴史とともに江戸時代からあったからである。漢方薬の「振り出し」あたりからヒントを得たのではないか。「茶ん袋」と「振り出し」はどちらが先か定かではないが、そのときの議論では誰も異をとなえた者がいなかった。いつごろから「茶ん袋」が用いられたか、たしかな記録はいまのところ見当たらないが、さきの寛永二十（一六四三）年以後の、少なくとも江戸中期ごろから用いられていたと思われる。明治二十七（一八九四）年に生まれ、百三歳で亡くなった私どもの元大番頭は、子供のころからすでに使用していたという。彼もまた生粋の茶粥育ちだから、この点はまず間違いなかろう。

わが国のティーバッグの沿革は後学に待つとして、この「茶ん袋」といい、インスタントコーヒー（インスタントティーもそうだ）も、一八九九年、明治三十二年、欧米にさきがけたわれわれ日本人の偉大な発明（スプレー・ドライ式）であることは、実に痛快である。

茶ん袋に入れる茶の素材についても話しておこう。

これにも地方によって多少の差異がある。紀州は濃褐色に強く炒った焙《ほう》じ粉茶（ただし焙じ茶の粉ではない。焙じ茶粉は出が薄いから茶粥に不適で、ふつうの粉茶をわざわざ炒ったものがよろこぼれる)、泉州、河内、大和の大部分は芳しく炒った晩茶粉か、下級の煎茶粉、泉州の一部では、茶汁の黄色く出る春晩茶粉(新茶の芽立ちをよくするため、新茶期前に刈り込んだ古葉《ふるは》を原料としてつくった晩茶。最近は入手が困難である)、大和の一部は晩茶、伊賀地方は炒り葉《いりは》晩茶を煮出したもの、八尾市周辺、松原など大阪の河内の一部では、煮立ったところに抹茶の下級品や煎茶末を小さじで入れて炊くところもあったが、いまはどうだろうか。葉茶以前の抹茶時代の茶粥の名残りかもしれないし、茶飯にも抹茶を用いたものがあったかもしれないとの思いが巡る。そうなれば、茶粥の歴史はぐんと古くなるだろう。

愛媛県の瀬戸内島嶼《とうしょ》部では、茶汁の出が濃く酸味があって茶粥に適した日本の雲南茶ともいわれる有名な「碁石茶《ごいしちゃ》」(一名かたまり茶、後発酵の固形茶)を用いていたが、これは生産量もごく微量で、現在ではただ一軒の生産農家が残っているだけだから、いまは茶ん袋を用いて粉茶を煮出すところが多いようだ。

以前から「奈良粥」といえば興福寺の茶粥が知られている。でも土地の人は、あれは料理屋ふうにアレンジしたものだというし、奈良市でも古い町並みの残っている奈良町の人々は、なぜかいまでも白粥を食っているから不思議だ。本当の奈良粥は、大和の田舎にある。

まだまだ丹念に調べれば、茶粥にまつわるおもしろい習慣や習俗があるかもしれない。年がたつとともに消滅することはたしかだと思われるので、いまのうちにきちんと調査をしておかなければと念じている。

ところで、茶粥のお茶は、いずれも新茶をよろこばない。煎汁が濃く浸出されないからである。茶の出の薄い茶粥ほど味気ないものはない。したがって、茶粥を常食にする地方の茶商は好んで古茶《ひねちゃ》の粉を集め、新茶の粉茶は土蔵に積み上げ、熟成するのを待って販売したものだ。いずれにしても茶ん袋のなかのお茶の素材によって、茶粥の出来もさまざまだから、時間と手間のかけようによっては一段と香味のよい茶粥が炊けるわけだ。

ちなみに二、三、変わり茶粥の調理法を紹介しておこう。

まず「芋茶粥」である。台湾あたりの朝食や夜食（正餐でない）に、白粥に芋を入れた芋粥なるものがあるが、粘りが強くていまひとつおいしくない。わが国にも古くから芋茶粥がある。さつま芋を茶粥に入れて煮たものである。さつま芋を薄皮をつけたまま三センチ程度に輪切りにする。厚い皮のものは剝《む》いたほうがよい。冷水に三十分以上つけ、灰汁《あく》を抜いてから米と一緒に茶汁に入れて炊く。さらりとした炊き方がよい。

「小豆茶粥」は文字通り米に小豆を入れて炊いた茶粥。一月十五日の小正月に、お供えにして硬くなった鏡餅などを食べやすく小さく割って焼いたものを小豆茶粥に入れて煮込み、餅が柔らかくなったところで食べることもある。祝茶粥として、関西では正月の味噌雑煮のそろそろ飽きたころでもあり、飾り餅のしまつのこともあって、茶粥に小豆と餅を入れて食べる。小豆の白粥は中国の江蘇省あたりにもある。白粥といっても、実はピンク色の粥だ。「炒大豆茶粥《いりまめちゃがゆ》」は立春の朝、前日の節分の豆まきや、歳の数の豆をいただいた残りの炒り豆を、茶粥を炊くさいに入れて食べる。

「炒空豆茶粥《いりそらまめちゃがゆ》」、春、収穫して干し上がった比較的小つぶの空豆（蚕豆とも書き、おはじきに用いたことから「はじき豆」ともいう）を炒り、大豆茶粥と同様、茶粥を炊くときに入れ、旧暦のお盆、先祖の供養に仏前に供え、ともに食する習俗が泉州堺あたりに見られる。

茶粥どころでも、正月の「七草粥」は白粥に七草を入れたものを炊く。唯一の例外である。いずれにしても、茶粥を常食としている地方では、茶粥はつねに暮らしに密着していて、祝い事、節目の日、仏前などに供え、事あるごとに用いられ食されたのは、きっとお米を大切にしてきた証《あかし》かもしれない。お米をしまつするとか倹約して食いのばすばかりではなく、お米のありがたさが身にしみていたからであろう。そして大衆には、このうえない簡便な食べものであったに違いない。

茶粥どころでは、もっぱら茶粥を「お茶」と称し、野ら仕事に行くにも、鍋、釜に茶粥を入れて持参し、三時のおやつや腹がへると、「お茶にしよう（飲もう）」といって、沢庵《たくあん》や梅《うめ》干《ぼし》をつまみに茶粥を啜って休息する。

「朝茶」は七難かくすといわれているが、茶粥どころの朝茶は、茶粥だったわけである。

夏の暑いときの茶粥はまた格別うまかった記憶がある。朝早く炊いた茶粥を井戸水で冷やし、お茶漬けを食べるように、茶粥のさらっとした水っぽいところを冷飯にかけ、ナスやキュウリの浅漬けとともにいただく。まさに絶品である。とかく茶粥は、古くから日本人の健康食なのだ。ぜひあなたも試みられてはいかが。高齢化社会の絶好のご馳走になるかもしれないから。

本当にウーロン茶でやせるのか

近年、食生活の多様化が進み、日本人の食べるものもひところよりずいぶん変化してきた。連日マスコミを通じていろいろな食品の新製品がつぎからつぎへと紹介され、もはやそれらの選択にとまどうほどだ。文字通り飽食、飽飲時代のただなかにある。このような現象につけ込むかのように、健康食品だの自然食品だのといって、いままで食膳にのらなかったもの、聞き慣れない未知の食べものや飲みものも割り込んできている。

ところで先日、ある雑誌社から中国のウーロン茶についてお話をうかがいたいという申し入れがあった。以下はそのときの若い女性記者との一問一答である。

——ここ三十年あまり前から、爆発的な中国茶ブーム、とりわけウーロン茶ブームには目覚しいものがあります。ウーロン茶は美容と健康にきわめて効果的なお茶として、とくに若い人や中年女性の話題の中心になっています。すでに市民権を得て定着しているようですが、谷本さんはこのブームをどのように見ておられますか。

「ご存じのように今日の日本は、世界のありとあらゆる料理が味わえるほど、食の多様化の進んでいる国といえましょう。世界のあちらこちらを歩いてみても、こんな国はめずらしい。食べたいもの、飲みたいもの、何でもござれです。家庭料理も、もはや伝統的な日本のお惣《そう》菜《ざい》から完全に変身しているといえましょう。となると食べものに合わせて、おのずから飲みものも変わってくるのは当然です。その典型が洋茶類と称するコーヒーや紅茶であり、そこへ一枚加わったのがウーロン茶や、普洱茶《プーアールちゃ》だと思います。実はウーロン茶はすでに四十年以上も前から日本に入ってきているのです。私もプレパックされた鉄観音茶《てつかんのんちゃ》や水仙茶《すいせんちゃ》を本格的に輸入したのが昭和五十（一九七五）年ですから、すでに三十五年も前のことになります。

それ以前は、緑茶を輸入するとき、積み合わせとして試験的にごく少量の輸入はありましたが、当時は皆目売れず、しかも売る体制もできていなかったので当然のことでした。しかしそのころから、香りという点では独得のものがありますし、コーヒー、紅茶から類推しても需要の兆候はあったようで、このお茶もやがて飲まれるかもしれないと、なんとなく期待をしながら取り扱ったことを覚えています。とにかく期せずして注目を浴びてきたのではなく、むしろ当然そうなるべくしてなったということでしょう」

——日本では、ウーロン茶や普洱茶を健康飲料として飲まれる方が多いと思いますが。

「いまのところまったくその通りです。将来どう変化していくか興味があるところです。日本茶を飲むように、健康など意識せずに、無意識に飲んでいただけるまでになるかどうか、なかなか興味深い問題ですが、すでに一部の愛飲者のなかには、そのような傾向も芽生えているようです。だいたい中国では、砂糖などを入れないでお茶を飲むことを『清飲《チンイン》』といいますが、中国人の紅茶の飲み方などはその典型です。彼らは決して砂糖やミルクを入れないで飲みますし、ウーロン茶も清飲の代表的な飲みものです。つまり、糖尿病や高血圧などで甘味や塩味に神経質になっている現代の日本人には、日本茶をはじめ、ウーロン茶や紅茶、雲南普洱茶がいちばん適しているというわけですね。

最近、缶入りのジュースやコーヒー、はてはペットボトルのスポーツドリンクなどが自動販売機で簡単に求められるせいもあって、それらの利用度が非常に高いようです。ところが、一九〇ccの小さな缶入りコーヒーやジュースのなかには、四グラムの角砂糖に換算して十個以上もの甘味のあるものさえあるということですから驚きです。冷やすと甘味を感じにくくなるので、異常に多く入れるわけですね。それに健康によいとうたっているものでさえ、甘味を添加したものが多いのは困った現象です。こんなことは意外と知られていないようですし、いわれてみて、はじめて気のつく人も多いようです。とにかく健康飲料、とくに健康を志向して意識して飲まれているあいだは、ウーロン茶といえどもあまり長つづきしないと思いますね。

ところで、日本茶というより緑茶はあらゆるお茶のなかで、もっとも健康にすぐれた成分を含んでいます。最近、とくにガンや生活習慣病予防にも大変よい飲みものだということが立証されて見直され、外国でも脚光を浴びています。健康によいということならウーロン茶どころではありませんが、誰もそんなことを意識して飲んでいるわけではありません。それだけ暮らしに密着しているからです。これが伝統飲料や国民飲料のよさだと思います。とかく市販の健康飲料のように特殊で、暮らしにそれほど密着していないものは、もともと本来の意味からいって健康飲料とはいえないのではないでしょうか。

私なりに健康食品、健康飲料というものを定義すれば、生まれてからあの世へゆくまで、食べかつ飲みつづけることのできるものであるべきで、つねに日常生活に取り入れられているものを指すべきだと思います。ですから当然、○○に効くというように、頭が痛いから頭痛薬、腹のぐあいがおかしいから整腸剤というような一時的に効果をあげる類のものでは決してありません。ウーロン茶や普洱茶にしても、それらは緑茶にない健康によい成分をもっている神秘的な効果のあるお茶にはちがいありません。でも、健康によいという期待から健康飲料として意識して飲まれることには、あまり賛成したくありません。かといって健康飲料でないというのではないのです。一過性の『お茶でないお茶』とちがって、お茶はすべて立派な健康飲料にちがいないですから。だから何千年という歴史をもつことができたのです」

――そうですか。最近とみに自然食や健康飲料がもてはやされ、「健康」という言葉だけがひとり歩きして、根本的な部分までにはいたっていないように思います。いまの健康ブームに便乗して、ウーロン茶がここまで注目を浴びてきた感もありますが。

「ブームに乗ったものは、すたれるのも早いものです。あまちゃづる茶や杜仲茶《トチユウちゃ》なぞその典型で、わずかな寿命ですね。とにかく仕掛け人があってブームをつくる。あっという間に人だかりがして、いつの間にか消える。一番迷惑するのは消費者なのです。ウーロン茶や普洱茶の場合は、ブーム以前に発展の素地もあったし、本格的に愛飲されるようになってからでも三十年以上もつづいています。平成三（一九九一）年のウーロン茶の輸入量は、実に二万トンの大台に乗って戦後最高になりました。これは缶やペットボトルのウーロン茶によるところが大きいのですが、まだまだ伸びる可能性があるかもしれません。日本茶の総生産量が九万トンですから、実に大変な輸入量です。しかし衰退する可能性だってあります。あまりにも性急な流行の波に乗ったから心配です。

ところでお茶は、日本茶、中国茶、紅茶をも含め、それぞれ三極分化の方向に向かってますます進んでいくのではないかと思います。この三極分化とは、第一番目はお茶の風味を嗜《たしな》む吟味のお茶です。言い換えれば『通のお茶』。二番目が、つね日ごろ何杯でもおかわりして飲む『暮らしのお茶』です。三番目は、食べものによって、またはファッション感覚で飲まれたり、健康志向を目的としたお茶でしょう。これを私は『ファッショナブルティー』と呼んでいます。ウーロン茶の場合、いまのところ二番目と、三番目に属すると思いますが、どうやら市民権を得て定着したようで、現在の缶やペットボトルのウーロン茶の味覚では、もの足りなさを感じた人々がもっと香味のよいお茶がないだろうかと思っておられるのが現状です。つまり健康志向に嗜好性《しこうせい》が加味されつつある飲みものといえるのではないでしょうか。そうなればやがてコーヒーや紅茶のように、嗜好品としても残ってゆく可能性は大いにあると思いますよ」

——それでは嗜好品としてのウーロン茶の特徴をお聞かせください。

「ウーロン茶には油脂を取り去る力がありますから、最近の油っこい料理や洋菓子などにマッチしているばかりでなく、比較的味が濃く、香りも強いという反面、苦味や渋味が少なく、おまけに充分火入れをして乾燥したものはローカフェインなので、子供からお年寄りまで、たくさん飲んでも胸につかえないお茶です。いわば晩茶《ばんちゃ》を飲んでいるようなものです。これを一度飲みだすと、はじめは香味に多少抵抗があっても、だんだん飲み癖がついて止められない不思議なお茶だという人もあります。お茶漬けなどにウーロン茶を用いるという人もぼつぼつ出ているようですから」

——そこでウーロン茶のおいしい飲み方をお聞きしたいのですが。

「日本茶は味にかかわってきますから湯加減がむずかしい。出し方によっておいしさの差がとても顕著に出てくるお茶といえるかもしれません。ところがウーロン茶と称する半発酵茶や全発酵茶の紅茶などは、一般的には味よりもむしろ香りにウエートを置いて楽しむお茶といわれています。ですから必ず沸点に達した熱湯を使用することがポイントになります。熱湯さえかければ、誰でもおいしいお茶がいれられるという、きわめて出し方が楽なお茶といえるでしょう。即席ラーメンだってお湯をかけてからどれだけ時間が短くなるかを競う時代です。湯ざましで、お湯を一休みさせるなどというまどろっこしいやり方は現代っ子には通じにくい。そういう点では、ウーロン茶や普洱茶や紅茶は、ただ熱湯を注ぎ、お茶の湯色を見るだけで、おいしくいれられたかどうかが、すぐ判断できます」

――最近の沸騰する電気ポットなら本当に簡単ですね。ところでむかしから中国南部や台湾の食生活とともに長く定着してきたお茶だけに、脂肪の分解作用を促進させる、やせるお茶とイメージされ、ダイエットにとても効果があるといわれていますが、その点はどうなんでしょう。

「ウーロン茶といえば中国茶の代表、中国人ならすべてがウーロン茶を飲んでいるように錯覚されている向きもあるようですが、これはウーロン茶のなんたるかを知らない連中が、当初、ウーロン茶を売らんがために、いいたい放題をいった結果としか思えません。中国茶の全産量を一三六万トン（二〇〇九年）とすれば、ウーロン茶はほんの一握りの五パーセントそこそこの生産量しかないのです。福建省や広東省の人でもほんの一部の人しか飲んでいないお茶なのですから。ほかはすべて緑茶です。いわばウーロン茶は一地方茶にすぎません。決して中国を代表するお茶とはいえないのです。ですから油っこい中国料理を食べている中国人のすべてが、ウーロン茶を飲んでいるというわけではありません。なぜ肥満体や中年太りの人が中国には少ないかを考えますと、要はお茶という健康飲料を長い中国の歴史を通じて、ずっと飲んできたからですし、またいまでも飲んでいるからだと思います。ウーロン茶・普洱茶だけがやせるためのお茶ではありません。もちろん、ウーロン茶には中性脂肪やコレステロールを五〇パーセントもコントロールする循環器にとても効果のある成分が含まれているという学者の話もありますし、カフェインやテオフィリンは冠血管を拡張し、血液の流れをよくするので、生活習慣病の予防には大変効果があると医学界でも発表されています。このように身体によい成分が豊富に含まれている高度なアルカリ飲料であることには間違いありません。ただ中国人自身、ウーロン茶を飲むとやせるという考えは微塵ももっていないようです。ウーロン茶が流行しはじめたころ、その点を中国人に質問してもほとんど関心がなく、笑みを浮かべていただけですから、やせるお茶だという考え方はどうかと思います。ただウーロン茶などの酸化した赤いお茶の利尿作用は抜群です。身体の老廃物をどしどし体外に排出し、新陳代謝をさかんにすることはたしかです。そういった意味からいえば、ウーロン茶を大量に飲むことは、一時的な減量に効果があるともいえましょう。それよりもむしろ目に見えない効用のほうが大きいかもしれません。科学的にはいまだに解明されていない点も多く、神秘に満ちたそれらの謎もやがては明らかにされることでしょう。最近の日本人の食生活は欧米化され、カロリーや糖分、塩分が過剰ぎみで、その点でもウーロン茶や普洱茶は現代食に、とても適したお茶として脚光を浴びて台頭してきたのだろうと思います」

——ウーロン茶は子供からお年寄りまで、日本というよりも世界的に見てもっとも普遍性をもったお茶と思われますが、価格的にはどうなんでしょうか。

「一般に市販されているウーロン茶や缶（ペットボトル）ドリンクの原料になるお茶には、高級茶に属するものはほとんどといってよいほど使われていないのが現状です。缶ウーロン茶の香味がウーロン茶本来の香味だと思って飲んでもらっては困ります。高級茶の香味は、驚くほど個性があって、とても清香ですが、これには好き嫌いもあります。市販されているものは日本人が好むタイプに香味を調整したものがほとんどです。いわば飲みやすくしてあるウーロン茶というわけです。ですから値段だけ高級であっても本当に高価な特級品といわれるものは、ほとんど市販されていないのが現状です。このへんのところも注意していただきたいものです。ふつう飲めるなあという一般的なクラスは百グラム当たり千円見当でしょうね。ただし、ちゃんと製品として加工されたものです。あまり安いものは品質に問題のあるものも多いし、ウーロン茶でないものも見受けられます。

原産地は中国の福建省や広東省、台湾ですが、香味のたしかな高級品と申しますか、これがウーロン茶かと、あっと驚かれるような香味の極上品茶は台湾産のものでしょうね。福建省はウーロン茶の故郷で、歴史もあって有名なんですが、いまのところ大衆茶の輸入が多くて高級茶はほとんど輸入されていません。広東省のものも同様です。

ところで、一概にはいえませんが、取扱い業者がお茶にまったく知識のない自然食品店や薬局などで売られているもののなかには値段も驚くほど高低が激しく、粗悪品も混じっている場合もあります。できるだけお茶の知識のあるお茶専門店でお求めになるのが安心でしょう。ウーロン茶の高級品はとても高価なお茶とお感じになる方もあります。事実よいものは百グラム二千円も三千円もするものです。でもよいものは日本茶の平均三倍程度、何度も何度も『さし』が効きますし、茶殻《ちゃがら》を煮出して冷用茶として再度用いても結構缶やペットボトルのウーロン茶程度にならら飲めますから、最初のおいしい香味を楽しめるだけでなく、かえって経済的だともいえます」

――お話をうかがって、ウーロン茶なるものの実態が、かすかにわかってきたように思いますし、健康にも効果のあることも理解できました。とはいえ健康食品や健康飲料というものは、いかにして常飲常食にまでもっていくかが一番のカギのように思いますね。

「はい、おっしゃる通りです。『日常茶飯事』という言葉があるように、毎日食べられるもの、毎日飲めるもののなかにこそ『医食同源』的な健康や美容に適したものがあるはずです。つまり手近にあって容易に食べることができるもの、いつでも安心していくらでも飲める日本茶やウーロン茶が本当に健康な自然飲料といえるでしょう。以前からウーロン茶や普洱茶を飲みつづけてきた人たちは、今日このごろになって身体の調子が大変よい、どうやら身体もしまってきたようだと、その効果に驚いているようですね。

まあ、ウーロン茶については、いままで話してきた通りですが、日本茶でも、煎茶《せんちゃ》には、ビタミンCはウーロン茶以上にたっぷりと含まれていますし、おそらく口に入る飲食物のなかでは、第一級のビタミンC飲料です。ことに最近、緑茶の抗ガン作用などが喧《やかま》しく取り沙汰されているので、日ごろがぶがぶ飲むお茶として、大いにおすすめしたいお茶の一つです。

いずれにしても、日本茶、中国茶の別なく、つね日ごろ暮らしに密着したお茶を飲むことが、健康につながるといえるのではないでしょうか。それにお茶はむかしから情緒的な飲みものですし、多忙で煩雑な日常生活の合間に静かに落ち着いて味わってみることもよいものです。とにかく、『お茶は人類がつくった最高の飲みもの』だということをつねに座右の銘としています。

皆さんも頭の隅のどこかに記憶しておいてほしいですね」

——私自身も若さのせいか、いままでお茶には無関心でしたが、今日の嚙み砕いたお茶の話をうかがい、お茶のよさを再認識いたしました。本当に参考になりました。今日はどうもありがとうございました。

香りの見えるお茶

若いころから私はお酒が大の苦手である。ビールもウイスキーも、ワインや梅酒などの食前酒でさえ、アルコールを含むいっさいの飲みものは体が受けつけない。

ずいぶん稽古もしたが、いっこうに手が上がらず、ただの盃一杯のお酒で気分が悪くなる。よほど体の調子のよいときでなければ、奈良漬けや粕汁一椀で真っ赤になって酔っぱらうことだってある。どうやら生まれながらにしてアルコール・アレルギーというわけだ。体に合わないから口にすると気分が悪くなる。そんな飲みものなら飲まないほうがいいと、宴席などですすめられてもほとんど口にしない。口に入れるにしても、舐《な》めるがごとしというほうだ。こういうと、よほどつきあいが悪そうにも見えるが、飲まなくても結構宴席の仲間に入れてもらえるから不思議である。あいつは下戸《げこ》だと通ってしまえばそれなりに上々だし、少人数の宴席だと、飲めないやつだとすぐわかってしまうが、これは年の功で断り方があるのだ。それで大勢だと、結構飲んでいるようなふりをするから、あまり気づかれることもない。それに酒を飲まない陰気な人よりも、酒を飲む陽気な人のほうが好きだから、まあまあ楽しみながらおつきあいもできるため、酒の席をそれほど苦にしたことはない。

それに酒は飲めないけれど、酒飲みが好む酒の肴《さかな》の類は大好物だから、もし私が飲めるほうだったら、この歳まで健康でいられたかどうか、自分でも疑問に思っている。とにかく国内はもちろん、海外の方ともおつきあいがいたって多い。だからもしおまえが飲めるほうだったら、とっくに体をこわしているだろうと、本気でそういってくれる友だちもいるほどだ。

ところで下戸には、まことに好都合なことに、このごろどこでも立食パーティーが大はやりだ。立食の集まりでは、盃の交換をしないから、私の好みには大いに合っている。それに席の上下《かみしも》もお座敷のようにはっきりしているわけではないから肩が凝《こ》らない。自分の行きたいところへ行って、たがいにグッド・ウィルの交換をしていればよいわけだ。それでも私が酒を口にしないことを知っている人たちは、ジュースはどうだとか、コーラはどうかとかと、いろいろ気を遣ってくれる。でも食事のときに甘い飲みものは決して口にしないから、すべて断ることになる。だが、その断り方が問題だ。

「お茶以外の飲みものは、すべて商売仇です」

と冗談混じりにいうと、酒もジュースもコーヒーも、それ以上すすめる人はいなくなる。「商売仇だからご遠慮申し上げます」の一言は、相手を傷つけることなく断ることができ、そのうえ茶商の商売熱心を相手に印象づける挨拶ではなかろうか。

またこれはよけいなことだが、食事をしながら甘いジュースをがぶがぶ飲むなどというのは、東洋人ぐらいのものである。食事がまずくなるだけでなく、カロリーオーバーで健康にもよくない。近ごろはウーロン茶や緑茶のドリンクが用意されるようになったから、私はもっぱらこれを専門にしている。

そんな下戸の私だから、飲むよりも食べるほうにまわるのがつねで、私のまわりには類は類を呼んで集まってくる食通の連中がたくさんいる。こういう友だちのなかには、グルメを自称する人もいくらかいるが、私の見るかぎり本当のグルメと称する食通は、自分をグルメとは思っていないようだ。彼らの食に対する考え方は、食べものはいつもおいしいのがあたりまえだと思っているから、取りたてて自分がグルメだとは意識していないのだろう。だから彼らは特別に値段の高い、うまい料理だけを探し求めるのではなく、日常茶飯のありふれた、だが決して手を抜かない心のこもったものを、つねに念頭に置いていることが多い。それに絶対といっていいほど好き嫌いのない人々だ。

あちらこちらで、あれこれといろいろ食べてみて、そのなかからおいしいものを選んで、人にすすめるのが彼らのやり方なのだが、これこそ真にグルメと呼ばれる人の条件であると私は思うのだ。

およそ世にグルメと称する人々には二通りあって、一方は料理がどんなに高価でも、うまいものや、めずらしいものだけを選んで食べる美食家、あるいはテレビや雑誌に出てくるような、一見おいしそうなご馳走を供する店をハシゴして食べ歩く人と、もう一方はありふれた暮らしのなかのお惣菜《そうざい》のなかから、本当においしいものを選ぶことを優先させ、料亭やレストラン料理を二の次と考えて、平凡なもののなかからとにかく料理の経済性も充分考慮に入れ、高いお金を出しさえすればうまいものが食えるという考えには傾かない人である。こういう人はおいしいものの作り方にまで興味をよせ、自ら包丁をもって、家庭料理の一品に、あるいは家族やお客などに調理して食べさせるぐらいの研究心があるのがふつうである。前者は一見グルメそうに見えるが、本当のグルメではないだろう。たんなるうまいもの食いの一群であって、いわば似而非《えせ》グルメだと思われる。私は後者の一群に属する人々こそ本当のグルメだと考えているのだが、加えて食事のあと先に出る料理に合ったお茶選びができてこそ、まことの「食通」であり、グルメと呼ばれるにふさわしい人であると考えている。食べもののことを語るとき、存外、お茶と漬けものが忘れられていることの多いのは困ったものだ。

私の友だちの本当の食通というか、飲んだり食べたりの数寄者《すきしゃ》の話をもう少しつづけよう。いまはもうこの世にいないが、親友の一人におもしろい人がいた。

「先だってあそこのうどんを食ったけど、なかなかいけるよ」とか、「○○軒のハンバーグを久しぶりで食べてみたが、やはりなかなかのものだ。高級ぶってるけど△△のハンバーグなんて食えたものではない。ローソク臭いというか油っぽくて」などと、かざりけのないごくふつうの洋食屋（レストランといわないところがいい）を推薦してくれたかと思うと、かたやどこのフランス料理がうまいとか、あの料理屋の板さんの包丁はよく切れる、とくに煮ものは抜群だったねとか、一般に手の届かないような高級の料亭料理もすすめてくれる。

寒い時分、いまごろの鴨が本当にうまいからといって、明日の夕飯は食わずに俺の帰りを待っていてくれよと、二、三人の友人を自宅へ招いて、わざわざ前の日から車を飛ばして北陸路へ猟に出かけ、仕止めた野鴨を自らの包丁で捌《さば》いて饗《もてな》してくれ、友人たちが舌鼓を打って食べるのをよろこんで見ていたのを思い出す。また時には、あそこの鮨のネタは一まわり大きくて、しかも安い、お値打ちだ、一度連れていってあげようと、小一時間ほど車を飛ばしてご馳走になったこともある。自分だけで楽しまず、人様にも分け与え、よろこんでもらおうというその心根がうれしい。人のよろこぶのを見て楽しむタイプの人だったが、決してうまいものだけを食う美食家ではなかった。真の言葉の食通と呼ぶのにふさわしい人だったといえる。

いつだったか何かの書物で読んだ記憶があるのだが、それにはこんなことが書いてあった。ヨーロッパのある葉巻好きの金持ちが、とてもめずらしい得がたい葉巻をもらった。はじめの一本は自ら喫することなく、下男の召使いにすわせて、いうにいわれぬ優雅な紫煙の薫りを楽しんだという。

これを読んだとき、ものの香味を味わうのに、実に念の入った手だてがあるものだと感じ入ったしだいである。さきの私の友人とは、ちょっとニュアンスがちがうが、こういう人こそ味覚の真髄を知っている人といえるのではなかろうか。

香りといえばもう随分昔の話になるが、はじめて台湾中部の南投県凍頂山《とうちょうさん》（鹿谷郷《しかだにきょう》）へ登ったときのことを思い出す。当時の凍頂山の道は今日のようによくなく、埃っぽい曲がりくねった細い山路を車は喘《あえ》ぎながら登っていき、とある一軒のお茶の生産農家を訪ねて、一服《いっぷく》頂戴することになった。

山頂に近い崖っぷちの農家から見る茶畑の景観があまりにも美しいので、お茶をいれていただいているあいだに戸外に出て、しばらくまわりの風景を楽しんだあとカメラに収め、ふたたびドアを開けて室内に一歩踏み入れて驚いた。谷間に乱れ咲く蘭《らん》のような、なんともいえぬ凍頂茶の芳香が部屋中いっぱいに充満していたからである。大袈裟でもなんでもない、本当にそのときそう感じたのである。中国語でお茶の香りがとてもよく、香り高いときには「清香撲鼻《チンシャンプウビー》」と表現するが、紅茶や日本茶に比べて、文字通りお茶の香気がかぐわしく立ち込め、その清浄で品のいい香りに感激したのだ。「香りの見えるお茶」とはこのようなお茶をいうのであろう、と。お茶の香りとはかくあるべきだし、かくあるべく精進して茶作りをすべきだ、これが本当のお茶の香りだと、長くお茶とつきあってきた私だが、お茶の香りについて「悟る」ことができたのは実にこのときであった。ダージリンのファースト・フラッシュのエレガントな芳香、日本新茶の清新な香りなど、一部の例外を除いては、茶盌から立ち込めるほのかな香りは、実は本当のお茶の香りではない。日本茶もかくあるべきだし、かくあらねばならぬと、心底から驚いたことをいまでも思い出すから、よほどそのときの凍頂ウーロン茶の印象が強烈だったのだろうと思う。

ことに近年の日本茶には、ゆたかな香りがなくなったといわれて久しい。味は改良されてマイルドになり、時代の要請に応えられるところまで漕ぎつけたが、香りに関してはいま一歩というより、正直いってきわめて落ちる。元来お茶の香りと味を両立させることは、科学的にとてもむずかしい問題だといわれている。香りで飲むお茶か、味で飲むお茶かのどちらかにかたよるのがふつうである。味をよくすると香りがなくなるというわけだ。戦後の食の変化によって、若い人たちが求めている香りで飲むウーロン茶の台頭は、そういう意味では当然の成り行きであった。

潮州《ちょうしゅう》料理とウーロン茶

つい先だって中国人の仲間数人と、東南アジアを歩いたとき、旅のつれづれに、「西洋の家に住み、日本人の妻を娶《めと》り、中国料理を食べて暮らすのが最高だ」と、いみじくも仲間の一人が遠いむかしを思い出すように話していた。

西洋の家と日本人の妻はともかく、中国では動物という動物はすべて食するというから、食に対してそれはそれは貪欲であり、その驚くべき食文化は長く伝承されてきている。

以前から私は、中国や台湾通いを始めているから、中国料理については自慢じゃないが人様よりちょっとうるさいと思う。彼の地を訪れれば、五日や一週間は滞在することになるが、滞在中、朝飯を除いては、同じ料理を口にすることは決してない。そういうわけで現地の人たちよりも、おいしい料理を出す店を多く知っているから、おまえは半分中国人で半分日本人だと冗談をいう朋友もいる。

およそ中国人ほど、ことあるごとに一緒に飯を食おうと誘う民族は少ない。日常の挨拶にも、「飯を食ったか」などというところもある。それほど中国人の食に対する執念というか食い意地は旺盛で、つとに天下に鳴り響いている。

だからといって客を接待するときは、自分本意の食事を強制的に押しつけてくるわけではない。どんな料理が所望なのか、まず客の好みを聞いてくれる。自分の好みを殺してあくまでも客の好みに合わせるのだ。どこかの国のように、接待する側が主導権を握って、自分の好きなところへ一方的にお連れするというようなことはまずない。北京料理か、上海、湖南、四川、広東料理なのかと、必ず客の好みに合わせてくれる。客もまた遠慮なく率直に好みをいう。

香港や台北のレストランで、一般に構えが大きく店は立派でも客の入りが少なくガランとして淋しいところは、料理はおいしくないと考えてほぼ間違いない。建物や内装が立派だから料理もうまいだろうと決めてかかるどこかの国とは大ちがいだし、どこかの国のお茶選びのように、形などの見た目にとらわれ、飲んでおいしいお茶を軽視するのとはずいぶんちがう。もちろん、うまい料理が食べられて建物やインテリアが立派なのに越したことはない。

彼らのレストラン選びの第一はまず料理のうまさである。客の立て込む時間に、席の空くのを並んで待たなければならないほどの大入満員、千客万来の店の料理がまずいはずはなかろう。

ところが料理がうまいと定評があり、それまでどんなに大はやりしていた店でも、料理人が代わり、料理の味が落ちると、とたんに客足がばったりと止まって、客が寄りつかなくなることが多い。中国人は生まれつき独得の、味覚に対してとてもきびしい感覚をもっているように思われる。かつて千客万来の店が皆目はやらなくなって、はては閉店、廃業になってしまったのを、私ですら何軒も知っている。それが彼の地ではきわめてあたりまえの話なのだ。

ところで最初に客がテーブルに着く、中国レストランの円卓における上座《かみざ》は入口から一番遠いところである。下座《しもざ》はしたがって入口に一番近い席になる。

さて、いよいよ一通りのコース料理を食べるわけだが、一卓七、八人から多くて十二人がふつうである。少人数の二、三人は一番損というか経済的でない。だから中国人は最低五、六人を一グループとして考えるため、人数が足りない場合、家族や友人に誘いをかけて加わってもらうことがよくある。はじめのうちはこんな知らない人まで呼んできてなぜご馳走するのかと不思議に思ったこともあったが、なるほどうまい料理のフルコースともなると、大勢で楽しんだほうが品数も多くなり、お客にもよろこんでもらえる。しかも経済的だ。こういうところにも中国人の食に対する感覚が潜《ひそ》んでいて教えられることが多い。

大切な客の接待なら、あらかじめ個室を予約し、料理を注文しておくこともある。このような場合、料理選びも注文する側でちゃんと前もって決めておくことが多いが、料理人のおすすめ品をあいだに挟むこともある。私の見ているかぎり、あくまで食べる客が中心で、レストラン側のお仕着せ料理やおまかせ料理の類は、ご免こうむることが多いようだ。たまま何かのつごうでそのようなことがあると、必ず料理の内容を一点一点たしかめ、気に入らない料理は体《てい》よく断るか、それに代わるものを補充してもらうことになるから、注文する側にも応分の料理知識がいる。

ふつう、私的な接待や、急な場合で個室が予約できず、込み合った一般席でテーブルを囲んで食事する場合（実はこういうレストランでないと、本当にうまいものは食べられないことが多い）、テーブルの席に着くと、ウエーターかウエートレスが菜単（メニュー）をもってやってくる。接待する側が、客に好みがあればそれに応じて、たとえば客が牛肉を好まないといえば、そのように料理の選択をはじめる。

ところで中国料理のメニューのなかの名称は、お店や料理、北京、四川などの種類によって同じ名称でも料理がちがうことがある。たぶん、こんな料理だろうと考えて安易に注文すると、出てきたものが期待したものとずいぶん異なることもよくあるから、何の材料を用い、どのように調理しているのか、ウエーターに一々たしかめることになる。したがってウエートレスの若い女の子でさえ、どのように調理されているか、ご馳走の一通りは心得ておかないと、客との応対に困ることになる。わからない場合は、ベテランのウエーターに助けを求めて説明してもらう。ウエーターやウエートレスは客のご馳走のよき助言者であり、アドバイザーでもあるのだ。

中国料理はバラエティーに富んでいて皿数も多く、本当に多彩だ。蝦《えび》や蟹《かに》、豚肉、牛肉、鶏肉、羊肉、それに野菜やスープなど、それぞれちがった食器で順次運ばれてくる。だが原則として、同じ種類の材料を用いたものを重ねて注文しないのがふつうである。たとえば豚肉を用いた料理が二度も出るということはしないのである。ちょっとした食事でもフルコース一卓で、デザートを含めて十から十二種類ぐらいはテーブルにのるから、そういうことを考えると料理選びもなかなか大変である。

中国料理の味つけは一般に華北、華中、華南と、北から南へ下るほど淡くなっていくことが知られているが、近年どこの大都会の料理の味つけも、よほど慣れたものでないと、そのちがいがわからないようになり、はっきりした区別がなくなってきたように思える。これも情報が得やすくなったことと、交通の便がよくなって、人々の交流が以前よりずいぶん激しくなったことが原因の一つかもしれない。とはいうものの、その土地その地方の名菜類は特色のある地場産品を素材として調理されているので、比較的区別しやすい。

また、料理とともに出されるお茶も、むかしからのしきたりが今日にいたるまで守られていて、それがその地方の料理にふさわしい点景となっている。たとえば北京ダックはその典型で、アヒルを中心とした独得の出し方でテーブルを賑わすが、このときはジャスミン茶が料理を引き立てる。またヤムチャー（飲茶）の点心類と普洱茶《プーアールちゃ》の組み合わせや、潮州《ちょうしゅう》料理に欠くことのできない鉄観音茶《てつかんのんちゃ》やウーロン茶の類は、料理とお茶のすばらしい組み合わせといえるだろう。

飲茶《ヤムチャ》といえば、わが国でも近年、その普及には目を見張るものがある。なかでも「港式飲茶《カンスーヤムチャー》」は朝食と昼食を一緒にしたような軽食、いわば中国式ブランチで、若い人からお年寄りまで大人気の食べものの一つである。このヤムチャーはもともと「飲茶」と書かれ、広東語《カントン》読み。文字通りお茶を飲むことが主体であった。ところが、点心類（お茶うけ）をつまみながらお茶を飲むことがいつの間にか主客転倒して、各地のめずらしい点心類を食べることが主体となっていった中国の食文化の特殊な一形態である。狭隘《きょうあい》な香港で食の代表的な形態に発展していったことは注目に値する。香港の土地柄がヤムチャーというめずらしい食文化を創造し、「飲茶《いんちゃ》」という文字が香港の料理を代表している事実は、お茶を飲むことと食べることがまさに一体となって庶民に愛され、支持されてきたことを偲ばせる。

また福建省と広東省の省境に位置するところに潮州（潮安《チャオアン》）というところがある。刺繍《ししゅう》のハンカチで有名な汕頭《スワトウ》の少し山手に入った歴史ある古い町だ。海岸寄りの汕頭と山手の潮州が一体となって、山海の珍味を素材にした潮州料理は有名なのだが、わが国ではこの種の中国料理はほとんど見られない。日本人には聞きなれないかもしれないが、香港や台北あたりでは大変人気があり、日本人の口にも合うおいしい料理なのである。この地方は、中国でももっとも多くウーロン茶類を常飲し、お茶を飲むことをこよなく愛するところとして知られている。近くに鳳凰単叢《ほうおうたんそう》といって水仙種《すいせんしゅ》系の名茶を産する茶産地もあるから、多少中国茶の心得のある人なら潮州や汕頭の地名くらいは知っている。

むかしからウーロン茶は福建省で生産され、広東省の潮汕《ちょうせん》地区で飲まれるとまで喧伝されているほど、この地方の人はウーロン茶をよく飲む。福建省に比べて以前からあまりゆたかでないとはいわれるものの、潮汕地区の人々は野ら仕事に出かけるときでも高い青茶（ウーロン茶類）や功夫茶器《こんふうちゃき》を携えていくというから、ウーロン茶の飲みっぷりは大変なものだ。

小屋掛けのような粗末な民家でも、ちゃんと功夫茶器を取り揃えて常用している。またこの地方のどの荒物屋風の店先にも功夫茶器は必ず並べられているし、湯沸かし急須（ぼうふら）用の炉も転ばされて売られているのがやたらと目につく。それほど町をあげてのウーロン茶愛好者なのである。

だから潮州料理と名のつくレストランのテーブルに着くと、最初は功夫茶器でとても濃くいれられたウーロン茶や鉄観音茶の茶杯《チャペー》がテーブルの中央に出される。客も随時好きなだけいただいて、食前酒ならぬ食前茶を楽しみ味わうわけだ。コースの料理が運ばれて食べているうちに、とても油っこいものや、香辛料で匂いの強いもの、あるいは料理ががらりと変わる前後に、まえの料理の残香や味を消す意味もあってウーロン茶の小杯が供されることもある。フランス料理のコースのなかほどでいただくシャーベットのような役割を果たすお茶だ。やがてデザートが運ばれ、コースのすべてが終了する時点で、食前茶と同様に功夫茶器で濃くいれたウーロン茶の小杯がお盆に並べられる。そのお茶を飲んで散会ということになる。この食後のお茶は消化をうながし、口臭を消すためである。お茶と料理が組み合わされて一体となり、お茶が料理の真の味を引き出す、あるいは引き立てる役目を担っているというわけだ。これは中国人の暮らしのなかから生まれた発想であり、知恵である。食に対する中国人の執念と工夫の跡を垣間見る思いがする。

香港や台湾を訪れる機会があったら、ぜひ潮州料理または潮汕料理と名指しして召し上がってみるとよい。余談になるが、食事がすんで勘定になったら、必ず伝票の品と、実際食卓に出た料理を思い出して一つ一つ確認しながら支払いをすること。たまたま伝票に記入されていて、実際に食べなかった料理があるとすれば、その旨を堂々と告げ、決して伝票の勘定を鵜呑みにして払う必要はない。恰好が悪いから一つぐらいは目をつぶって見て見ぬふりをしておこうなどと大尽風を吹かすのではなく、きちんと申し立てることが中国料理をいただく中国人のエチケットでもあるのだから。

茶芸館に見る台湾のお茶ブーム

わが国のウーロン茶ブームに匹敵するぐらい、台湾でも近年、全島挙げてのお茶ブームに沸いているが、これは世界の喫茶史上まことに特筆すべき現象である。いままでお茶を飲まなかった人々もみな飲むようになり、それがあっという間に全島に浸透していったのだから。

社会文化史上の研究対象としてもとても興味あることだろうと思う。

そして、その急速な喫茶の普及に一役買ったのが「茶芸館」である。私がはじめて台湾を訪れたのは昭和四十二(一九六七)年だったから、もうずいぶん前のことである。もともとお茶は台湾の国民飲料で、庶民の飲みものであったとはいえ、中流以上の家庭を除くと、お茶が暮らしのなかにそれほど浸透していたわけではなかった。当時の経済的事情もあって、お茶が日常生活に欠くべからざるものだという印象は、それほど強く感じられなかったのである。客が訪ねていっても、薬缶で煮出した晩茶《ばんちゃ》のようなお茶をあり合わせの茶盌《ちゃわん》に汲み出して供すればよいほうで、急須でいれたおいしいお茶がいただけるのはお茶屋さんか、さもなくばよほど裕福でお茶好きの旦那衆のお宅を訪れたときぐらいだった。私がはじめてウーロン茶を中国式にちゃんといれる功夫茶《こんふうちゃ》(工夫茶《コンフーチャ》)なるものと対面したのは、台北市内のとある有名美術商の客室に招かれたときであった。お茶の葉を入れた小さな急須にお湯を注ぎ入れて蓋《ふた》をし、さらに蓋の上から熱い湯をかけて(沐壺《ムーフー》)茶をいれるいれ方は、驚きというよりは奇異にさえ感じられた。これは温潤泡《オンジユンホオー》というウーロン茶を点ずる独得のいれ方である。

ところがここ十年あまりの台湾の喫茶事情は驚くばかりで、薬缶でお茶を出していたことなど、まったくの昔物語に思えるほどになってしまった。どんな家庭でも急須でお茶をいれるようになったのはいうまでもないが、少しでもお茶に関心のある家庭なら功夫茶器の一揃えぐらいは備えるようになった。老若男女を問わずお茶の数寄者《すきしゃ》ともなると、古美術的な高い値段の茶道具や、びっくりするような高価な高級茶を抵抗なく買い求めていく。町のちょっとしたレストランでも、こりゃなかなかいいお茶だと感心するようなものを出すところもぼつぼつ出てきた。台北市内を散策すると、やたらとお茶屋さんの看板が目につく。曰く、凍頂烏龍茶《とうちょうウーロンちゃ》、文山包種茶《ぶんざんほうしゅちゃ》、木柵鉄観音茶《もくさくてつかんのんちゃ》、高山茶《こうざんちゃ》などなど。香港や台湾では日本のようなきびしい規制はないので、看板は赤や青の満艦飾《まんかんしょく》の大変賑やかなものが多く、店よりも看板のほうが大きくて立派なものもある。石を投げれば散髪屋かお茶屋に当たる、それほど台北の町のどこを歩いても散髪屋とお茶屋の数は多い。向こう三軒両隣りがお茶屋さんという光景も決してめずらしくない下町もある。

同業者がずらりと並んでいるところで、激しい競争をするのはさぞかし大変だろうと、気遣ったり心配するのはどうやらわれわれ日本人の感覚で、彼らは意外と冷静で、おたがいにこだわりや差し障りなく悠々と商売しているように見える。よそさんの店の繁盛ぶりや、営業ぶりなどはいっこう気にしていないようだし、よそはよそ、うちはうちだと割り切っているらしい。こんな激しい条件下で成り立っていけるのかと懇意な茶商にたずねてみると、そんなことは心配ないよ、食えなくなれば、さっさと引き合う商売に転業するさ、日本人のように、儲けの少ない家業でも先祖伝来の商売だと、後生大事に未練がましくかじりついているほうがおかしいんじゃないの、という。事実、数千年の歴史を有する中国とはいえ、五十年も百年もの歴史をもつ古い店、のれんを誇る老舗《しにせ》というのは探さねば見当たらないほど稀少である。一つの職業に汲々《きゅうきゅう》としないのが彼らの生き方だ。香港でも、ほかの東南アジアの華僑の町でも、老舗といわれる店はえてして少ないようだ。のれんを誇るとか、のれんを守るという考え方が稀薄で、何とかして食っていこうとする雑草のような華僑の体質を垣間見る思いがする。

そんな茶店が多く立ち並ぶ下町をぶらりと散策していると、お茶屋の看板に混じって「茶芸館」の看板や広告がやたらと目につく。それも目抜きの繁華街や、比較的人通りの多いビル街の何階かの窓の下に、窓から突き出たように「茶芸館」とあるのである。以前はそれに類するような店は一軒もなかったから、この看板をはじめて見たときは何の店だかたしかめようともしなかったが、二、三年のうちに、急に町のあちらこちらで増えはじめた。

この「茶芸館」とは、功夫茶器で中国茶（ウーロン茶）を正しくいれて（?）お客に飲ませる、いわば中国茶の純喫茶店のことである。店にはウーロン茶をおいしく飲むため、功夫茶器によるウーロン茶の正しいいれ方を指導する人がいて、はじめてのお客には懇切丁寧に教えてくれる。常連客やお茶通は適当にお茶を選び、自らお湯を沸かして自分の好きなようにお茶をいれ、喫茶を楽しむ。いわばわが国の和風喫茶店をもう少し茶道化した雰囲気をもつ茶房と考えればいいだろう。もちろん高級茶を袋詰めにして小売りもする。進物ギフトのお茶セットを並べているところもあれば、高価な茶器類を置いてあるところもある。

中国大陸の各地に見られる年寄りのたまり場、暇つぶしの茶飲み場である「茶館」のような存在でもないし、かといって、香港などにある「飲茶《ヤムチャー》」の店とも全然異なる。暇つぶしや、ものを食べたり飲むことが目的の店ではなく、あくまでも喫茶を楽しむための店なのである。われわれ日本人が考える茶館、茶室というのがふさわしい。茶道や禅にある「喫茶去《きつさこ》」（まあ、お茶をおあがり）とか「且坐《しやざ》喫茶《きつさ》」（まあ、しばらく座ってお茶をおあがり）がピタリかもしれぬ。ふつうの喫茶店や中国大陸の茶館などの感覚とは一味ちがった店なのである。

店のつくりは中国風もあれば和風のものもあるが、どうやら日本の茶道を相当意識しているようで、たいていの店は椅子席と障子付きの畳敷きの部屋が併設され、座蒲団まで用意しているところもある。一般に壁は白、柱は黒褐色を基調にした民芸調のインテリアで、白い提灯《ちようちん》を吊したり、書や山水画などを掲げて書斎風の雰囲気をかもしだしている。大きな急須や茶壺を飾りにしている店もある。客室は若いカップルや学生などの四、五人連れのグループも多い。冷房が効き、静かな中国風の音楽が流れ、喫茶に興じるムードを出しているが、一般に室内照明はふつうより暗い。そんな若い連中が浮かれ騒ぐことなく神妙にお茶を点じながら静かに談笑しているようすを見ていると、台湾や中国のお茶文化の将来は頼もしくも羨ましくも思えてくる。

落花生やちょっとした中国の干菓子の類をつけて、日本円にして千円くらいである。店や選んだお茶の種類によって多少の高低はあるものの、ふつうの喫茶店に比べてずいぶん高い。店によっては驚くほど立派な構えで、内装などもすばらしいところがあって、これが茶芸館かと驚かされる。レストラン以上の雰囲気をもった洒落《しゃれ》た店で、お茶を飲ませるだけではもったいないと思うような店も少なくない。

このような店が商売として成り立ってきたのもここ二、三十年ほどのことである。先端を切って茶芸館をはじめた人々は、ちょっと時代を先取りしすぎて失敗し、立派な店がつぎつぎに倒れていった。採算が取れなくなったのではなく、設備投資に大変な金がいったからしい。それでも続々と新しい茶芸館が出現し、その勢いはおとろえを見せるどころか、ますます目につくようになった。

この茶芸館はもともとおいしくお茶を飲むために出発した同好会的な茶芸（功夫茶器によるウーロン茶のいれ方とでもいっておこう）がその源で、茶芸にもそれぞれ新しい流派ができていった。功夫茶器の使い方やいれ方にも新しい作法がつくられ、その作法に合った茶器も創作されただけでなく、近年、茶芸研修所なども開校され、その課程を終えた者には免許状まで出されるというように、いっそう複雑に発展していったのである。

昭和五十四（一九七九）年から五十六年にかけてわが国で第一次ウーロン茶ブームが始まったころ、台北市内でも茶芸館は、よほど注意しないと気づかぬほどの数だったが、官民一体、全島挙げてのお茶のキャンペーンで、台湾の人々の喫茶志向が急速に高まっていった。それとともに台湾中南部各地の山間部でよいお茶が続々と生産され、たがいにウーロン茶の高い価値である芳香を競うようになり、それがよい刺激となって茶芸館もさかんになっていった。さらに昭和五十八年以降の日本の第二次ウーロン茶ブームはこの傾向にいっそうの拍車をかけた。この背景には世界有数の貿易黒字国という台湾の経済力がある。経済的余裕は庶民にお茶を楽しむゆとりを与え、その結果としての茶芸館は、いやがうえにも市民の高級茶志向に火をつけた。品評会で高い評価を受けたお茶が飛ぶように売れ、マスコミがこれを大きく取り上げたのも多分に影響したと思われる。茶芸館の存在が、今日の台湾茶事情に一役買っていることは間違いなかろう。とくに若者たちにおいしいお茶を飲ませるために茶芸館がいかに寄与していることか。

大陸の喫茶については、とくにウーロン茶を常飲する広東省東部の潮汕《ちようせん》地区（潮州《ちようしゆう》、汕頭《スワトウ》）が歴史も古く、むかしから有名であるが、今日では台湾の喫茶のほうが比べものにならないくらい質、量ともに圧倒している。高級なウーロン茶を、これほど上手においしく、そしてたくさん飲んでいるところは台湾をおいて、いまのところ世界を見渡してもほかにはあるまい。百聞は一見にしかずというが、ウーロン茶作りも、喫茶事情についても、ぜひ一度訪台の機会をつくって、あなたご自身の目でごらんになることをすすめる。それが本当のウーロン茶を知る、最上の近道であろう。

猿が摘んだお茶

泉州堺のつい南隣りに、人口六万足らずの高石《たかいし》という市がある。市制を布《し》いてまだ五十年にも満たない小さな住宅都市で、大阪湾に面した海浜には広大な石油コンビナートがある。

さきの大戦で敗戦一ヵ月前に、江戸時代の面影が残る千利休《せんのりきゅう》の故郷堺の旧市内は一夜にしてことごとく焼失し、戦前の情緒ある商人の町は、町並みの片鱗すら想像できないほどの変わりようになってしまった。私は堺から焼け出され、つい近くの郊外に移り住むようになってから、はや七十年になろうとしている。いわば高石は私の第二の郷里なのである。

ところで、その町の一角に羽衣《はごろも》という地名があって、南海電鉄の急行停車駅でもある。堺《さかい》浜寺《はまでら》、大浜《おおはま》、羽衣、高師浜《たかしのはま》、助松《すけまつ》といえば、白砂青松《はくしゃせいしょう》の海岸が十キロも連なる、戦前には東洋一の大海水浴場であった。夏ともなると各地からの海水浴客で大いに賑わったものである。

小倉百人一首にも、

音にきく高師の浜のあだ浪はかけじや袖のぬれもこそすれ

と歌われているように、往時は都人《みやこびと》のリゾート地というか、風光明媚な避暑地であった。海岸の松林は、いまも府立浜寺公園として大阪府下でも有数の大公園となっていて、府民に開放されている。そのなかに、「千両松」だの「羽衣の松」などという名前が冠せられた樹齢何百年という実にみごとな枝ぶりの名木があった。いまはもうそれらの名木は枯れてなくなってしまったのは残念だが、無名とはいえ、それらに準ずる大木もまだまだたくさん残されている。

ところで、この羽衣の地でも駿河の三保の松原にある天女の衣掛けの羽衣の松とまったく同様の伝説が語り伝えられているからおもしろい。聞くところによると、これに似た話は、わが羽衣、三保の松原だけでなく、ほかにも全国のあちこちに伝えられているという。むかしの人々の空へのあこがれ、天女のように天空に舞い上がりたいとの強い願望が、このようなお話になって今日まで伝えられてきたのであろうか。

かつて中国の雲南省を訪れたとき、「百鳥衣《パイニャオイー》」という伝説を耳にしたことがあるが、日本の「羽衣伝説」に通じるものだと思われた。どうやら雲南省に源を発したものが、東方に伝えられてわが国で羽衣伝説として定着したのではなかろうか。

別の機会だったけれども同じ中国を訪れたさい、友人の団体がチャーター便で敦煌《とんこう》へ行くというので便乗し、シルクロードの一角、莫高窟《ばっこうくつ》を参観するという幸運に恵まれたことがある。羽衣の天女の舞を思わせる飛天の図や、飛仙の空を舞う絵が、洞窟のいたるところに描かれているではないか。実に千五百年もまえの魏《ぎ》の時代の人々もまた、仏教思想の極楽浄土の大空にあこがれを抱いていたのだ。とすると羽衣伝説はシルクロードを通って、西域《さいいき》のどこかから中国にもたらされたものなのだろうか。

およそ人間が天空を飛翔したいというあこがれは、古いヨーロッパの聖画のなかにも翼をもった人の絵として残されている。やはりむかしから洋の東西を問わず人類共通の願望なのである。

とくに中国人はもともとこの種の話が好きだったようだ。中国の茶産地を訪ねて、土地の観光案内書や小冊子のページを繰ってみると、やたらとお茶にかかわるフィクショナルな話や伝説が目につく。仙人が出てきたり、老爺、老婆があらわれたり、はては猿、鳥、蝶などが登場して話がいっそう賑やかになる。

お茶の伝説でこんなおもしろい話もある。

雲南省西双版納《しいさんぱんな》泰族《たいぞく》自治区の有名な大茶樹のある南糯山《なんださん》を訪れたときのことである。三国時代というから、二二〇年から二八〇年ごろである。諸葛孔明《しょかつこうめい》が兵士を率いて南糯山を経由して通過したことがあった。ところが、兵士たちはこの地方の水になじまず、眼病を患う者が続出した。そこで孔明は自分がもっていた杖を南糯山石頭寨《せきとうさい》の山上につき立てるや、杖はたちまち一本の茶の木に変じて、枝からは緑の芽がふきだし、兵士たちがこの茶葉を摘んで、煮て飲んだところ、たちどころに眼病が癒《い》えたという。

この孔明の杖が南糯山に茶の木の植えられた最初だといわれ、現在、石頭寨にある茶山は「孔明山」と呼ばれるようになったという。したがってここの茶の木は、「孔明樹」といわれ、人々は諸葛孔明を「茶祖」と讃えている。お茶のルーツの西双版納で、こんな話が伝えられているからいっそう興が深くなる。もちろん孔明がこの地を訪ねる以前に、すでに茶樹のあったことは証明されている。だが、茶樹の故郷西双版納にさえ、私たちがまったく予期しなかった孔明樹の話があるのだから、よほどむかしの人々は作り話が好きだったと思われる。

このような伝説は日本の各地にも残されており、たとえば弘法大師の用いた杖が変じて大木となった話が語り伝えられていることなどを考え合わせると、中国とわが国との、伝説を通しての文化のつながりに思いを馳せざるを得ない。

ところで、いま一つお茶にかかわる話がある。猿が摘み採ったお茶の話である。

香港を訪れた観光客の帰りの土産もののなかで、「白猴鉄観音《パイホウテイクワンイン》」とか、「猿子採鉄観音《イエンジイサイテイクワンイン》」などと命名された比較的高価なウーロン茶を買って帰る方を見かけることがある。

この「猿子採鉄観音」の説明書によると、このお茶は中国ウーロン茶のなかでももっとも有名で高価な品の一つで、福建省のけわしい山岳地帯の山上に生長する茶の木から摘んだ葉を使うから、人間ではとうてい摘み採ることはできない。そこできびしく特別に訓練した白い猿にけわしい崖をよじ登らせ、ぶら下がらせてやっとの思いで採らせる。細心の注意を払ってこれを精製し、ふたたび酸化、乾燥などのプロセスを経て、極上の製品にしたのがこのお茶だというのである。

知人のなかには、めずらしい鉄観音茶《てっかんのんちゃ》に出会ったからとわざわざ私に届けてくださる方もいる。このお茶がうまければそれでもよい。ところがそうではないのだ。実は価格の安い中国の産物であるお茶が、香港へやってきてブリキ缶に詰めかえられ、猿が摘んだお茶だと銘打って付加価値を高めた、なんの変哲もないごくふつうのウーロン茶なのである。これが驚くほど高価で売れるのだから香港の茶商は笑いがとまらず、それこそお猿さん、さまさまであろう。

猿摘みの茶の話が出ると、ウィリアム・ユーカースの大著『オール・アバウト・ティー(*All about Tea*)』第一巻七ページの「中国の茶を集める猿」という有名な絵画が連想される。

この絵はどうやらジョージ・レオナード・ストートンの茶樹の枝を集めるために使われる猿の話からヒントを得て描いたものらしい。けわしい岩山の斜面に生えている木からお茶の葉を採るのは、とてもむずかしく危険なので、岩場に棲みついている猿たちに罵声を浴びせて騒ぎ立てたり、小石を投げておどしたりして、猿を怒らせて茶の木に追いやり、折った枝を投げ返させるようにしむける。この枝を集めて、お茶の葉を摘むという話をもとに描かれているようである。

ところがいまから百五十年前、中国を訪れたことのない人たちの手で書かれたヨーロッパの茶書にも、同様の猿摘み茶の話が載っているという。

また、緑茶と紅茶とは茶の木の品種がちがっているのではなく、酸化の程度の差であることを証明した中国茶通で有名なロバート・フォーチュンでさえ、人から聞いた話として、この猿摘み茶の話を紹介しているほどである（矢沢利彦著『東西お茶交流考』）。

火のないところに煙は立たないという話もあるが、とかく中国の茶産地にはこの種の話がもろもろ語り伝えられているので、さきの孔明の杖や羽衣伝説などと同様、話としてはおもしろいが、実際にあったとはとうていいただきかねる。

このような猿にまつわる話はたくさんあって、武夷山《ぶいさん》天心岩付近の九龍窠《チヨウロンク》の懸崖《けんがい》絶壁に植えられている天下無双の名茶「茶王大紅袍《ちゃおうたいこうほう》」にも、天心寺《てんしんじ》の寺僧の飼いならした猿たちを切り立った崖によじ登らせてお茶を摘ませたというし、安徽省の「松蘿茶《しょうろうちゃ》」にもまた、寺僧の飼いならした猿に茶摘みをさせた話が伝えられている。加えてこの安徽省には「大平猴魁《たいへいこうかい》」と名づけられた有名な尖茶《せんちゃ》（細長くとがった緑茶）があるが、この「猴」は猿だし、浙江省の雁蕩山《がんとうざん》に産する「猴児茶《こうじちゃ》」にもまた猿にまつわる小噺があって、応接にいとまもないほどである。

また福建省の特産に、ウーロン茶、花茶のほかに、白茶というめずらしいお茶がある。そのなかに政和《せいわ》の白毛猴《はくもうこう》や、福鼎県《ふくていけん》の白毛猴と呼ばれる今日の銀針白毫《ぎんしんはくごう》に類する名茶があるが、長寿を意味する白い猿が特別に好きな中国人は、このお茶にも白い毛の猿という魅力的な茶銘を与えている。

十六世紀後半に書かれた呉承恩の『西遊記』のなかに忠誠、正義、機智、勇敢、行善を象徴する孫悟空のように、小利口で、人間を超越した力をもつ猿にあこがれたのか、中国にはお茶にかぎらず、とかく猿を登場させた物語が多い。日光東照宮の左甚五郎の「見ざる聞かざる言わざる」の三匹の猿の話なども、もしかすると中国がルーツかもしれない。

とかく珍品名茶と称するお茶には、この種の伝説や物語を添えて付加価値をつけ、より高級に見せようとして売ることが多いから、これらのお茶を求められる方は、くれぐれも、猿害(?)をこうむることのないように、ご用心、ご用心。

嗜好品《しこうひん》や健康食品には元来この種のキャッチフレーズとか信仰じみた文句のつけられることがしばしばある。いつの間にかそれなりに信者もできるというものだが、こだわりもここまでくれば大したものだと思う一方、いまあなたが飲んでいるお茶や紅茶、ウーロン茶、コーヒーやココア、そのほかの健康茶という飲みものにだって、付加価値をつけるためにどんなことがなされているか、考えてみるのも無駄ではなかろう。

日本でつくられた紅茶の話

お鮨屋さんで飲むお茶も、喫茶店で飲む紅茶も、立ち飲みでぐっと飲むペットボトルのウーロン茶も、ともに同じ茶の木からつくられていることもご存じない方がずいぶん多い。事実なんの疑いもなく、平気でそう思い込んでいるし、潜在的な固定観念といおうか、そういう間違った知識が悠々とまかり通っている。それと同じように、わが国ではむかしから紅茶にまつわる通俗的な話が、さも本当らしく語り伝えられている。

十九世紀の初めのころである。中国からヨーロッパへティー・クリッパー（快速茶船）でお茶を運んでいる途次、赤道直下の熱暑のインド洋を通過するので、船倉に積まれていたお茶の葉が高温で蒸《む》れ、しだいに酸化発酵し、ヨーロッパに着くころには、すっかり赤い紅茶になっていたという話である。ちょっと聞きにはもっともで、本当らしく聞こえる紅茶の起源説だが、当時のお茶の歴史的背景や、紅茶というものが一体どうしてできるのか、まったくわかっていない人たちから出た愚かな話としかいいようがない。

このころの中国茶作りは、緑茶、ウーロン茶のいずれも茶の鮮葉を高温の釜《かま》で炒青《させい》（殺《さっ》青《せい》）するので、茶葉の酸化酵素が完全に破壊され、もはやそれ以上酸化が進んで、茶葉が紅《あか》く変化するというようなことはないのである。いったんつくられた緑茶もウーロン茶も、紅茶に変化するなど、とうてい考えられないことなのだ。

そもそもお茶は、いずれもカメリヤ・シネンシスという学名で呼ばれる同種のお茶の木なのだから、つくろうと思えば同じお茶の木から緑茶だって、ウーロン茶だって、紅茶だって、つくれるのである。ただお茶の木は品種の適性によって、緑茶、ウーロン茶、紅茶に使いわけられる。したがってすべての種類のお茶は、お茶の木以外の何ものでもない茶の木の葉からつくられるのである。だからといって、同じ作り方、同じ製造法で製茶をしても、緑茶、ウーロン茶、紅茶のように、それぞれちがった製品はできない。製法がそれぞれ異なるからである。緑茶類、中国ウーロン茶類、紅茶という三つの異質のお茶で、これが世界のお茶の三大分類である。

ところがすべてのお茶のルーツである中国では、茶葉に含まれているタンニンの酸化程度によって、中国独得の細分化されたお茶の分類が行われている。すなわち、六大茶類、あるいは六大分類といって、「緑茶」、「黄茶」、「黒茶」、「青茶」、「白茶」、「紅茶」にわけられ、多彩な製品がつくられ、悠久の歴史を誇っている(拙著『中国茶の魅力』)。中国流の分類は、お茶の専門家には、いたって納得しやすいわけ方だが、一般には少々複雑でわかりにくい。

今日のお茶の世界では、さきの三大分類が常識になっているが、いつごろからそう決められるようになったかといわれると、はっきりした記録がない。たぶん、武夷茶《ぶいちゃ》のボーヒー・ティーから本格的な紅茶とわかるお茶が製品として確立していった十八世紀末から十九世紀中ごろにかけて、この三群にわけられ、今日にいたっていると思われる。もっとも紅茶らしき製法のお茶がつくられたのは、中国では宋代に始まると伝えられている。だが、正式に紅茶と名づけられたのは、たぶん清朝中期以降の話であろう。

さて、紅茶といえばインド、スリランカ(セイロン)、インドネシア、あるいは東アフリカのケニアあたりが主な生産国として挙げられるが、お茶の歴史はきわめて浅い。同じお茶の木からつくられるのであれば、緑茶生産が主体のわが国にだって、紅茶の製造の歴史があって当然である。いまの若い人たちはかつての国産紅茶の存在など知る由もないだろうから、その話を記しておこう。

わが国に紅茶がはじめてもたらされたという記録は、安政三(一八五六)年、伊豆の下田に入港したアメリカ領事のハリスが幕府に紅茶を献上したことに始まるといわれる。中国につぐ茶の先進国であるわが国の政府は明治七（一八七四）年、「紅茶製法布達案並製法書」を、各府県に配布し、紅茶の製造を奨励し、紅茶伝習規則を公布したのである。そして翌年、いち早く多田元吉らを中国に派遣して、お茶の調査に当たらせたり、中国人のお茶の技術者を招いて熊本県人吉《ひとよし》に茶工場を建て、紅茶製造の指導を仰いだ。この明治八年ごろより、わが国は、しばしば紅茶の製造の試作に入り、同時に海外にこれらを試売して紅茶が国民飲料として普及している諸外国での批評や反応を見ながら、わが国の紅茶製造の指針に資した。

明治九年、政府はさきの多田元吉らをこんどはインドに派遣してインド紅茶の製造研究に当たらせ、明治十年、インドより帰国後、さっそく高知県で紅茶の製造を試み、わが国としてはじめて紅茶五千斤《きん》（一斤は六百グラム）を正式に海外に輸出して好評だったという。

一方、中国ウーロン茶の研究も同時にこのころなされたようで、早くも明治十年、清国より胡《こ》秉枢《へいすう》の『茶務僉載《ちゃむせんさい》』という中国茶の栽培、製造に関する書物を取り寄せた。この茶書は中国人によるウーロン茶および紅茶の製法を、わが国に最初に紹介した書物であるといわれ、明治維新によって鎖国から解放されたわが国の外貨獲得のもっとも有望な産物として、お茶が絹につづく地位を獲得したのである。だからお茶の存在は、今日われわれが抱いているイメージとは格段に異なる、想像を絶するほど大変重要なものであった。当時、お茶を研究し、製造開発することによって、輸出の主要品目にしようと躍起になっていた政府の力の入れ方がうかがえておもしろい。

その後、東京、静岡、福岡、鹿児島などに紅茶の伝習所を設置し、日本人の手によって開発された紅茶の新製品は、わが国の商社の手によってオーストラリア、アメリカなどへ輸出された。当時の国産紅茶は、まだわが国に紅茶品種として、とくに栽培開発された品種がなかったので、在来種の茶葉を原料に生産していたが、明治十二年、さきの多田元吉らがインドより持ち帰った茶種子を三重県に播き、はじめて紅茶品種の栽培を始めたのである。今日もその茶株が、三重県の亀山市にある茶業試験所に移植されて現存しているさまを見ると、お茶の葉一枚にも、先人の苦労と努力、精進の跡が感じられてならない。その後、明治十三年、岐阜、熊本そして堺県（当時、泉州堺は県庁の所在地であった）にまで紅茶の伝習所を設置し、紅茶製造の指導と奨励にいっそうの力を入れていったようである。

そして、わが茶業史に特筆すべき一ページを飾る〝事件〟が起きたのである。すなわち国産紅茶がはじめて東京の銀座で売られたからである。時に明治十九年、一八八六年のことで、それは三重県産の紅茶であったと伝えられている（出口保夫著『英国紅茶の話』）。

ちなみにわが国にはじめて外国産の紅茶が輸入されたのは、実に翌明治二十年のことになる。ついでながら、わが国の紅茶市場の大部分を席巻し、今日もなおその名声を頑として維持して譲らないリプトン紅茶のわが国への初上陸は、明治三十九年である。岡倉天心がニューヨークで『茶の本』を出版し、日本のお茶の心、お茶の哲学を世界に紹介したのは皮肉にも同じ年であったのは偶然だったのだろうか。

明治初年から紅茶の製造・輸出は将来有望なりと、茶業界の先人によって、その開発に努力された甲斐あって、海外でも国産の紅茶が品評会で入賞し、賞を獲得したこともあった。しかしその後、インド、セイロン(スリランカ)などの開発にともなって、当時、わが国の植民地だった台湾で紅茶を開発するのだが、わが国産の紅茶は、品質と市場価格の両面において国際商品として太刀打ちできなかった。加えてどういうわけで毛嫌いしたのか、茶業者が紅茶を緑茶と同じように取り扱わなかったのである。このことも日本における紅茶の命運を決する大きな要因の一つであった。さきの大戦後、日本各地でふたたび紅茶の生産が奨励されたものの、昭和三十七、八年を境に衰退の一途をたどり、三重県の一部で自家販売用の紅茶の製造が見られたものの、いつの間にか完全に消え去り、もっぱら輸入紅茶に頼らねばならなくなったのはご存じの通りである。

世界のお茶の総生産量は、二〇〇九年度の世界の統計によると約四〇〇〇万トンで、そのうち緑茶類は約三〇パーセントの一二三万トンあまり、残りの七〇パーセントは紅茶がそのほとんどを占めている。ちなみにわが国の茶生産量は約九万トン、世界の生産量のわずか二パーセントあまりで、ほぼその全量が蒸製緑茶である。国産紅茶は近年、緑茶の低迷と食生活の変貌で急速に消費者や生産農家の関心が高まってきたとはいうものの、わずか八一トンという実に残念な数値で、お茶の生産国でありながら紅茶のない国といっても決していい過ぎでないのが現状である。

近年、大手飲料メーカーらの工夫と努力で、紅茶のドリンクが次々と開発され、わが国にもやっと紅茶志向がよみがえってきたかに見えるものの、そのほとんどというか、ほぼ全量が輸入紅茶を原料として使用している。ご存じのように紅茶は発展途上国の主要輸出産物なので、国産紅茶と比較にならないほど安価である。しかもわが国は紅茶生産国としての環境・立地条件で適地でないこともあって、茶樹の品種改良、絶え間なき製造技術研究などが行われているが、いまのところ外国の有利な生産環境にはかなわず、太刀打ちできないほど品質が見劣りする。ちなみにわが国の紅茶類の輸入量は約一万七四〇〇トン、ウーロン茶類は約一万六八〇〇トン、双方合わせて三万四二〇〇トンもの外国産茶が輸入されている。加えて、五九〇〇トンの緑茶（ペットボトル用）までが輸入されている（二〇〇九年度財務省通関統計）。かつて消費者も予期しなかったほど大量の外国産茶が飲まれていることになる。

戦後のわが国の食事形態は、先にも述べたように、戦前のそれと比べて革命的な変わりようだが、洋風化した最近の油っこい食事に相性がよく、当然消費者にもっと求められてもよいと思われる紅茶類の輸入は過去十年来変化がなく、そんなに需要が増えているとも思えない。その分、ウーロン茶に取って代わられた感がしないでもない。

近年のわが国の国産紅茶への関心の高まりには目を見張るものがあるが、輸入統計の数字から見ていまだしの感がある。わが国の茶農業経営において国産紅茶を考えたとき、茶の品質に大変な影響がある自然条件の違いによる品質の不利、外国産紅茶の驚くほどの低価格、それらにどうやって対抗していくのか。過去のわが国の紅茶の失敗を踏まえて、さてこれからのわが国における紅茶やウーロン茶類の生産および消費の展望はどうなることやら、見ものである。

紅茶は急須で

飲みものの多様化で、近ごろたいていの家庭には、コーヒーカップや紅茶セットが取り揃えられるようになった。コーヒーと紅茶の茶碗の使い分けも、ほぼなされているようだし、兼用茶碗も市販されているから、気軽にコーヒーや紅茶がいれられるようになった。

ところで放送や雑誌でお茶の話を語るようになってから、町の喫茶店にもいままでよりもいっそう注意を払うようになったし、人一倍関心をもつようにもなった。喫茶店といえば、ただコーヒーか紅茶を飲ませるところぐらいにしか考えていなかったが、どうしてどうしてなかなかおもしろい。

私は江戸時代からの旧い茶問屋に生まれ、生来、家業のお茶の商《あきな》いを引き継いできた関係で、つねづねお茶は命から二番目に大切なものだと考えているし、根っからお茶好きでもあるから、コーヒーハウスや喫茶店に入っても、コーヒーよりもお茶の仲間である紅茶を注文する習慣がついている。私自身、決してコーヒー嫌いというわけではないのだが、茶商という職業が、自然とコーヒーを拒否させているのかもしれない。しかし、コーヒーのテストドリンクには、ひとかたならぬ関心をもっている。むしろ嗜好飲料《しこういんりょう》を扱う茶商として、コーヒーは最重要研究のターゲットなのである。

ところで仕事ついでに、出張先でもあちこちの喫茶店で例のごとく紅茶を飲んでいるが、私がまあこれなら及第点をつけてもよいなあと思う紅茶が出されることはきわめて稀である。茶葉のよしあしのまえに、上手にいれられた紅茶が、スッと目の前に出されてくるケースというのはまず滅多にないからである。お茶屋さんの門《かど》を走ったような味も香りもない、水っぽい色つきのお湯のような淡い紅茶がほとんどである。そのうえ沸騰したお湯を使わず、ぬるいお湯でいれるものだからなおさら紅茶の香りが引き立たない。たまたまこれはなかなかいける、うまくいれてあるなあと、紅茶の水色（浸出液の色）を見て、そう思いながら茶碗を口もとへもってくると、香りがなく、どうも新鮮さがない。おまけに紙の匂いがかすかにする。どうやらティーバッグを使用しているもののようである。それでいて大枚何百円かの銭《かね》を取るのだから、まったくお客をばかにしている。一体どんないれ方をしているのだろうかと質《ただ》してみると、たいていは茶漉《ちゃこ》し網《あみ》に少なめの茶葉を入れ、湯通しして運んでくるものが大半である。あえて湯通しとしたのは急須《きゅうす》（ポット）に紅茶をいれてお湯に浸さないからだ。まず十軒のうち八軒は、こんないれ方があたりまえだと思っているから始末が悪い。

かつて、外国の客人の出迎えで大阪空港へ出かけたが、ちょっと飛行機が遅れるというので喫茶店で待つことにした。店内はかなりの人で賑わっていたので、やむを得ずカウンターの席に着き、おきまりの紅茶を注文した。ところが、あまりにも早く出されてきた紅茶の、その淡さに啞然とした。カウンター内のバーテン氏に、

「君! この紅茶、サービスでお銭がいらないものなのかい」

と皮肉たっぷりに切り出してみた。

「いいえ、とんでもない、お代はいただきます」

と若いバーテン氏がポツンと無愛想に答える。きちんと身なりをととのえた一見立派なバーテンさんだ。

「お銭を取るなら、もう少しもっともらしいお茶を出してはどうだろう。心がこもっていないなあ」

答えがない。ちょっと間を置いて、

「網の茶漉しを使っているな」

というと、案の定、そうだといって、カウンターの向こうで茶漉し網をあげて見せた。

お茶の葉というものは、熱いお湯に浸してこそ、はじめて蒸れてお茶の葉のうま味の成分、そして色、香りが滲《にじ》み出るものなのだ。金網の茶漉しでお湯を通すだけでは、第一、香りは逃げるし、お茶の葉がお湯となじんで潤《うるお》う間がないからうま味や渋味が滲み出てこない。そんないれ方の紅茶ではお代を取る資格がないよと、少々語気を強めて紅茶のいれ方を説明し、もう一度いれなおすように命じた。

ところが、またしてもティーポットや急須を使うことなく、ふたたび茶漉しでいれようとする。紅茶は茶漉しでいれてはだめなんだ、ポットでいれてよと頼んだのだが、バーテン氏は顔を赤らめて紅茶用のポットはここには置いてないと恥ずかしそうに答える。ほかのお客の手前もあって、それ以上いじめるのも酷だと思って、声を鎮《しず》めてお晩茶《ばんちゃ》の急須はないかとたずねてみた。これも答えはノーである。まるで紅茶のいれ方のABCも知らないで、よくもまあ、バーテンが務まるものだと、なかばあきれかえってそれ以上は追及しなかったけれど、れっきとした国際空港の喫茶店で、外国人のお客さんも多く出入りするというのにこの始末なのである。

ところで、ティーポットの代わりの晩茶急須である。これならどこの家にもある茶道具だが、これが紅茶をいれるのにもってこいなのである。だいたい後手《うしろで》の紅茶ポットは扱いにくく、横手《よこて》の日本の急須のほうが、忙しい場所ではかえって使いやすい。急須の蓋《ふた》にちょっと親指をかければ、蓋を落として割るような粗相もしないし、握りもった急須は円を描くように容易に振ることもでき、そうすることでお茶の出を早めることもできる。おまけに急須内のお湯を適当に攪拌《かくはん》することもできるから便利なことこのうえない。それに最後の一滴、うまさの一滴まで絞り切れて、水切れもよく淹茶《えんちゃ》には理想的な道具である。二度注ぎしても二煎目はそんなに渋くなく、おいしく飲めるからまさに一石二鳥で経済的だ。加えてもともと急須の内側には、とも茶漉しといって、茶殻《ちゃがら》が飛び出ないような工夫も施されている。

一人や二人のお客で、大きな後手のティーポットにたくさんのお湯を入れ、茶葉を泳がせて紅茶をいれるという方法は、それこそ紅茶をますますまずくする一番の原因である。これは家庭の場合も同じだ。二碗ぐらいの紅茶で、それはそれは大きなポットを使うことが多いようだが、家庭用のそのようなポットは、カップ半ダースのためのもので、二人や三人の少人数の家族にはふさわしくない。それなら煎茶《せんちゃ》や晩茶用の急須でいれるほうが、よほど手っ取り早くおいしい紅茶が飲める。

お客のまえで、紅茶に急須では恰好が悪いと体裁《ていさい》にこだわるなら、急須でいれた紅茶を、紅茶ポットに入れかえてお客にもってゆけばよい。熱湯だから、入れかえてもそれほどさめないし、熱湯はお茶の香りをいっそう引き立てる。紅茶やウーロン茶など、紅《あか》く出るお茶類や香りで飲むお茶には、必ずぐらぐら沸騰したお湯を用いることが絶対のコツなのである。

ところで、平素緑茶に使用している急須に紅茶の香りが移らないだろうかと案ずる向きもあろうが、紅茶もウーロン茶も日本茶も、お茶以外の何ものでもなく、お茶そのものなのである。いずれも兄弟姉妹の関係なのだから、さっと水洗いするだけで移り香の心配はまったくないものだ。それでも気になるという人は、もう一つ紅茶用の急須を用意すればよいだろう。

中国でも日本でも喫茶の歴史は欧米とは比べものにならないほど古いのはご存じの通りである。そんな長い歴史のなかで育《はぐく》まれてつくられてきた茶器の類が、茶葉の成分をうまく抽出するように工夫されているのはいうまでもない。さらに経済性、実用性、利便性などからもさまざまに研究されているのだから、急須だって暮らしのお茶にはぴったりのはずだ。日本茶の茶器だからといって紅茶やウーロン茶に用いてはならないという規則はない。西欧の茶器のすべては中国や日本から学んで今日にいたっているのだから。

紅茶を煎茶や晩茶などの日常茶をいれる要領で熱いお湯をかけ、茶碗の底が見えない程度の濃さに浸出していれてごらんなさい。日本茶よりは水色（湯色）を目安にできるから、ずっといれやすいことがおわかりいただけると思う。ちょっとした心遣いで、おいしい紅茶が飲めるというものだ。そしてミルクティーはミルクを入れる分だけ濃く出すことを忘れないで。早速、明朝から試してみてはいかが。日本の急須で充分時間をかけて紅茶をいれるのも暮らしの潤いとなって楽しいし、たぶん、「今朝の紅茶はいつものとちがうなあ」と、家族のみんなからお褒めの言葉が出るに違いない。そしてホットの紅茶にはミルク（牛乳）をお忘れなく。

茶器のタイプや和洋の種類のちがいにこだわることなく、要は亭主（もてなす人）がおいしいお茶をいれて、お客においしく飲んでいただく、これに尽きる。そこに紅茶であれ、中国茶であれ、日本茶であれ、利休《りきゅう》の説いた茶の道の真髄《こころ》があると私は思うのだ。

若き日の利休

私の故郷、泉州堺《せんしゅうさかい》（現大阪府堺市）は、その名のとおり摂津《せっつ》、河内《かわち》、和泉《いずみ》の三国にまたがる国境《くにざかい》に発達した町である。平成二十三（二〇一一）年現在、人口九十万に近い政令指定都市であるが、お隣りに大阪という大都会があるので、それほど目だたぬ存在である。安土桃山時代、十五、六世紀ごろとは大ちがいだ。十六世紀に活躍をした茶聖千利休《せんのりきゅう》〔大永二～天正十九 一五二二～一五九一〕といえば、たいていの人に知られているが、堺の人であることはあまり知られていない。京都の生まれだと思っている人が案外多い。堺商人の子として生まれた利休が、もし堺以外の地で誕生していたら、はたして武士、貴族のものであった茶の湯を庶民のものにかえ、わび茶の大茶人としての偉大な名を今日残していたであろうか。

　私は江戸時代からつづく堺の茶問屋の家に生を享《う》けた。生来、人一倍お茶に関心をもったのは当然のことながら、堺という土地柄であろうか、堺商人という血筋であろうか、商《あきな》いに直接なんのつながりもないのに、若いころから国内の茶どころばかりでなく、世界のあちこちの茶産地を見てまわるのが好きで、お茶のルーツを訪ねて中国の奥地まで出かけてみたり、「お茶の来た道」を求めてシルクロードを歩いてみたり、とかく海外へ出向くことしばしばであった。やがて趣味と実益が一致して、海外ともお茶の取引をするようになる。

　さきの大戦で堺のもっとも堺らしいところが一夜にして灰燼《かいじん》に帰してしまったが、私の生家はちょうど大林宗套《そうとう》和尚が開山した臨済宗大徳寺派の名刹《めいさつ》南宗寺にほど近い、戦前の堺で一番賑やかだった旧市内のど真中の山之口筋にあり、堺町衆の家としては間口も広く、奥行きも深く、中庭の向こうに三棟の土蔵が望まれる商家の典型のようなたたずまいをもった家であった。

堺の家は「堺造《さかいづく》り」といって、屋根瓦は本葺きで虫籠《むしこ》造《づく》りと土蔵風の壁土をたくさん使った鰻の寝床のような細長い奥深い家が多く、むかしから「京都の着だおれ」、「大阪の食いだおれ」、「堺の建てだおれ」といわれるほど、外観の見てくれはいたって地味だが、内装には特別に銭《かね》をかけ、屋内に入るとびっくりするようなみごとな造りが誇りだった。今日の家屋の考え方とはまるで反対で、やはり商人《あきんど》の町である。堺はそういう地味な気風が支配的であった。ときおり家の前をお経を口ずさみながら長い列をつくって托鉢《たくはつ》に歩く南宗寺の雲水たちの姿は、わが堺の町に点景を添える風物詩でもあった。戦後の都市計画で、いまは小公園になってしまって、なんの面影も偲ぶことができないが、寺町《てらまち》が近いせいもあって、幼いころの思い出を呼び起こす材料にはまだまだ事欠かない。

呂宋助左衛門《ルソンすけざえもん》の邸宅を寺の方丈にしたと伝えられる大安寺、信長や、利休の高弟・山上《やまのうえの》宗二《そうじ》の供養塔のある本源院、天慶院、今井宗久の墓のある臨光寺、本成寺、愛染さん、少林寺さんなど、これらの長い歴史を伝える寺々に私の子供のころの思い出が重なって郷愁で胸がいっぱいになる。なかでも利休や沢庵《たくあん》和尚ゆかりの龍興山南宗寺の境内は、近所の悪童どもの、とっておきの遊び場であった。一本一本の松、焼け瓦を積み重ねた土塀、参道の石畳、武野紹鷗《たけのじょうおう》や利休の墓などには、ことさら少年時代の思い出が強く焼きついているから、いまでもしばしば訪れる。地方や外国から人が来れば、たいていは茶業者であることもあって、堺の名所旧跡を案内し、日本のティーセレモニーの実質的な誕生の地であるわが故郷の堺をごらんに入れることにしている。

もの心がついて、幼稚園か小学校へ入学したばかりのころの冬のある日のことだった。きれいなおべべを着たお姉ちゃんたちが何人も、大きなお寺の山門をくぐって行く。何だろうなあ、何かあるのかな、家へ帰って母に聞いてみた。母親は、

「今日は二月の二十八日。利休忌……、おや、そう言ってもわからないね。利休さんというお茶の偉い先生が亡くなった日だから、お茶会でもあるのかしらね」

母は自分の誕生日が同じ日なので、利休忌はとくに深く記憶しているようだった。そんなやりとりのあったこともかすかに覚えている。このお寺というのは利休ゆかりの南宗寺で、臨済宗大徳寺派の名刹《めいさつ》であり、ここには利休一門や武野紹鷗、山上宗二、津田宗及《つだそうきゅう》らのお墓もある。武士や貴族のもっぱら上流階級の茶の湯から、庶民と茶のかかわりをいっそう深めた利休居士もこの寺の墓地に眠っており、彼が没してから平成二十三年で、ちょうど四百二

十年を迎えたことになる。

　だから平成三年の四百年祭に、映画やテレビ、雑誌などでは、利休の話題でひとしきり賑わったのである。「利休」（監督勅使河原宏、主演三國連太郎）、「千利休本覺坊遺文」（監督熊井啓、主演奥田瑛二・三船敏郎）という同じ主人公をテーマにした映画が同時に二本も上映されたのは、日本の映画史上でもめずらしいことだった。私も利休居士の研究に精魂を打ち込んでいる学者を何人か知っているが、まだ解明されていない謎の部分もたくさんあるという。もちろん利休が亡くなってから今日まで、利休についての資料や記録、研究文献などは厖大な量である。それらをことごとく読破したという学者でさえ、利休という人が、どんな人であったかとなると、なかなかわからないという。利休といえば日本人である以上誰もが知っているし、知らない人はまずいないといっても叱られることはないであろう。それほどの有名人であり文化人であった利休なのに、彼には驚くほどわからないことが多いのだ。東洋のミケランジェロといわれるほど芸術分野に万能であり、世界に冠たる文化遺産を残した利休が、ただの一編の著作も残していないのはどうしたことなのだろう。

　利休の後半生については、茶会記や南坊宗啓《なんぼうそうけい》が師の利休から習った茶道の奥義や逸話などを筆録した『南方録《なんぼうろく》』（『南坊録』とも書く）、利休の高弟山上宗二が記した『山上宗二記』などの伝書、さらに利休自身や利休をめぐる人々の書状や書跡の研究から、かなり具体的な実像に迫れるのだが、若き日の利休、彼の前半生についてはこれといった記録もなく、霧につつまれたままで皆目わかっていないことのほうが多い。となれば、想像をたくましくすることも、大胆で奇想天外な推測も許されていいのではないか。

そもそも利休が生まれたのは大永二（一五二二）年というから、いまから五百年近くもまえのことである。堺の今市町（いまの宿院付近）に生まれ、幼名を与四郎といった。彼の名がはじめて資料にあらわれるのは、堺の中心地にあって、いまなお市民の氏神さまである開口《あぐち》神社《じんじゃ》、別名大寺《おおてら》さんとして親しまれている旧名念仏寺の差帳記《さちようき》、いわば寺の修築奉加帳に寄進者として載っている「田中与四郎せん」である。時に天文四（一五三五）年、まだ十四歳の紅顔の少年にすぎない。利休は茶の湯の師として、はじめ北向道陳《きたむきどうちん》〔永正元～永禄五（一五〇四～一五六二）〕に学ぶが、なかなかの才能の持主で道陳の手におえなくなったものか、道陳の推挙で武野紹鷗の門をたたいている。利休十九歳のときであった。このときから「千宗易《せんのそうえき》」の名を用いたといわれる。

茶会記に利休の記録がはじめて登場するのは天文十三（一五四四）年二月二十七日、『松屋会記』にあらわれたというから利休二十三歳、ようやく大人の仲間入りができるようになったころのことであろう。そして、彼が時の天下人である織田信長にかかわりをもちはじめるのは、茶の湯の師匠で、四畳半茶法を推進し、今日の茶道の基礎をととのえた武野紹鷗が没した弘治元（一五五五）年以後のことである。時に紹鷗五十四歳、利休三十四歳という。

ただの一介の商人で若い堺町衆の一人が、天下人である信長、つづく秀吉をはじめ、天下の諸大名の近づきになり、ついには茶頭（茶堂）にまで取りたてられていくのだ。今日ではとうてい考えられない飛躍的な出世をするからには、それなりの素養が必要だったであろう。

そのころの堺の海外貿易の経験や実績、海外情報、それに強力な経済力なども大いに力を貸したであろうが、よほどの人物でなければ幸運ばかりで世に出ることは至難である。利休の家は堺の納屋衆で、家業は魚屋《ととや》（たぶん塩乾屋《えんかんや》。むかしの今市町付近は「魚の店《たな》」と称して戦前まで塩乾商の問屋町であった）であったが、若き日の利休はどのような商売をし、どんな暮らしをしていたのか。彼はどんな性格、人となりで、どのような人とつきあっていたのか。どういう手づるで天下人に近づき、どのような手段を使って重用されていったのか。秀吉から切腹を命じられた経緯を解明することも大切だが、私がもっとも知りたいと思っているのは、動乱期を生き抜いた実業人・利休のそういった具体的な姿なのである。

そこで、私なりに若き日の利休像を描いてみようと思う。

まず利休が大茶人であり、大茶匠だからという先入観から、華奢《きゃしゃ》でお上品で人の好さそうな人物を想像することは、とんだ間違いをおかすと思うのだ。平成二年春、利休四百年遠忌を記念して開かれた京都国立博物館での「千利休展」に、たまたま出展された「利休所用の鎧甲」や、利休と親交があって生前の利休の姿を忠実に写しているという当時随一の肖像画家であった長谷川等伯の「利休像」を目のあたりに見て、第一感は利休さんはかなりの大男ではなかったかということだった。またその容貌、とくに鼻、口、耳などの魁偉《かいい》な大きさからして、さぞかし若いころは腕力は強く、声は大きく、仲間と喧嘩をしても一喝のもとに相手を打ち負かす、なかなかの偉丈夫ではなかったかということだ。

戦国の大動乱期に先進都市堺に生まれ、イチかバチかの商いをしていった利休は、おそらく世間のきびしい風に揉《も》みに揉まれたすえの、とても一筋縄ではいかぬ、したたかで大変な世渡り上手でもあったろう。酸《す》いも甘いも噛みわけ、繊細かつおおらかで、決断のときには太っ腹にして豪胆、そうとう肝の座った男であったにちがいない。人の何倍もの「飲む、打つ、買う」で、人づきあいも好いが、抜け目のなさもなかなかのもので、それも筋金入りという印象が強い。大変なやり手であり、しかも堺の納屋衆の一人として、敵も多いが、人望もかなり篤かったのではなかろうか。

少なくとも当時の大金持ちの納屋衆の家に育ち、魚屋であったことからも、漁師などの荒くれ男とのつきあいは当然考えられるから、決して坊ちゃん育ちでなかったのはいうまでもなかろう。とにかく強い者が勝つ実力の乱世、下克上時代にふさわしいギラギラ脂《あぶら》ぎった、そうとうしたたかな人物であったろうと思われる。長谷川等伯が利休の生前に描いた正木美術館蔵の利休像と、表千家蔵の死後に描かれた利休像の二点を見ての印象である。

そういうことから考えていくと、さきの二本の映画に登場した「三國連太郎利休」「三船敏郎利休」のそれぞれの利休は、四畳半の茶人らしからぬ大柄の役者が演じていたから、体《たい》軀《く》のうえからは利休の人物を充分意識したのであろうか。ところがお茶にまったく関係のない二、三の友人知人に、この映画の感想を聞いてみたら、彼らは口を揃えてミス・キャストだといって譲らなかった。私には利休像を忠実に描いていたように思えたのだが。

堺の大茶匠、武野紹鷗《たけのじょうおう》

私の故郷泉州堺《せんしゅうさかい》には、歴史に残る多彩な顔ぶれの数寄者《すきしゃ》が多い。堺はご存じのように中世の十五世紀、十六世紀ごろに栄えたわが国屈指の大都会で、鎖国以前の海外へ雄飛する大玄関でもあった。加えて今日の茶道を完成させた茶の湯の町でもあり、武家階級が群雄割拠した戦国の世にあって、ひとり町衆《まちしゅう》たる庶民の自治のもとに繁栄したわが国の歴史上でもきわめて特異な存在の町であった。そういう関係からか、郷土の先輩には英雄豪傑の類の有名人はあまり見当たらないが、庶民のなかからは数多くの傑出した文化人が輩出し、その数は枚挙にいとまがないほどである。遠くは行基《ぎょうき》、武野紹鷗《たけのじょうおう》、千利休《せんのりきゅう》、曽呂利新左衛門《そろりしんざえもん》、近くは河口慧海《かわぐちえかい》、与謝野晶子《よさのあきこ》などは、その代表である。

千利休は申すまでもなく、彼を取りまく有名なわび茶の数寄者はこれも応接にいとまもないほどである。たとえば武野紹鷗や北向道陳《きたむきどうちん》（荒木道陳）、辻玄哉《つじげんさい》（紹鷗の高弟）、利休の高弟で『山上宗二記』を残し、小田原攻めのとき、秀吉の逆鱗《げきりん》に触れて惨殺された山上宗二《やまのうえのそうじ》、『南方録《なんぼうろく》』の南坊宗啓《なんぼうそうけい》、藪内紹智《やぶうちしょうち》、今井宗久《いまいそうきゅう》、津田宗及《つだそうきゅう》などもみな堺の出か堺にゆかりのある人々である。

ところがそれらの名人数寄者のなかでも、利休の名声があまりにも高く、歴史上の文化人としての最右翼の座をほしいままにしていることもあって、武野紹鷗はほとんど無視され、彼の足跡はあまり知られていない。そこで彼を顕彰してはどうかという話がもち上がり、私の所属する堺ライオンズ・クラブの創立三十五周年に彼の銅像を堺市に寄付することになった。利休の像を贈って十五年目に当たる。

そもそも武野紹鷗〔文亀二〜弘治元 一五〇二〜一五五五〕なる人は、利休の師といわれてきたが、近年種々の研究によって、疑問視されている。茶の湯の師匠であるが、利休は彼の弟子というよりも、むしろ茶の道のよき相談相手であったと見るべきであろう。利休があまりにも有名なので、彼の陰にかくれ、その存在が軽んじられがちだが、人物としては、利休より紹鷗のほうが一段上であったという人もある（木下桂風）。

紹鷗を語るには、わが国の喫茶史、すなわち黎明期《れいめいき》や揺籃期《ようらんき》から唐様の茶会を経て、草庵《そうあん》の茶の時代へと移りかわり、大規模な豪壮華麗な茶会からしだいに質素な少人数茶会となり、宗教的色彩を帯びて茶禅一味《ちゃぜんいちみ》という精神的基盤ができ、漸次今日に見られる茶の湯に移行してきた日本の茶道がたどった大いなる経緯を語らなければならない。そのように考えてくれば、今日の茶道の始祖、村田《むらた》珠光《じゅこう》〔応永三十〜文亀二 一四二三〜一五〇二〕についても一瞥する必要があるが、ここでは割愛することにする。

紹鷗は、茶の湯の祖・珠光のなし得なかった部分を完成することに専念して、伝承したわびさびの茶の湯をさらに深化することに心を砕き、茶の湯に高度な精神的基礎を求めて、利休にその真髄を伝えた。その功績では決して忘れることのできない人物である。彼を茶の湯中興の祖というゆえんもまたここにある。

奈良の村田珠光が没したのは文亀二（一五〇二）年。その年に紹鷗が誕生しているのだから、珠光が紹鷗の師ではあり得ないが、珠光の弟子たちを通じて伝えられた珠光の精神は、まさしく紹鷗の茶の心となって、やがて利休らに伝えられるのである。具体的にいえば珠光の「謹敬清寂」から紹鷗の「謹啓礼和」へ、そして利休の「和敬清寂」への心こそ、茶道の真髄をいいあらわしたものであり、彼らが武士、貴族のものであった茶の湯を庶民の茶礼につくりかえたのだが、庶民の生活に密着させて発展させていったもっとも肝心なことは、紹鷗も利休も共に堺商人という庶民階級出身ということによるところが大であろう。

紹鷗は弘治元（一五五五）年、五十三歳で病没したが、堺の裕福な皮革商（当時は武器商）の家に育ったので、商人の子とはいうものの、人生の前半は京都へ遊学することができた。その結果、きわめてゆたかで高い教養を身につけるという、商人としては生涯異例の生活を送ることになる。そして都の公家、貴族をはじめとする上流階級の人々との人脈もつくりあげ、その茶の湯を通じて時の天下を狙う諸大名などの権力者とのつながりもできていったのであろう。それに戦国の世にあって、国際都市堺の武器商人でもあったから、名物茶器の入手も比較的容易であったに違いない。その名物茶器を通じて、また諸大名とのつきあいも親しいものにしていったことも充分考えられる。趣味と実益をかねて商売の繁栄をはかれたのだから、これほどうまい話はない。それもこれも堺の商人だからこそできたことだったろうと思われる。

後に紫野大徳寺九十一世になった大林宗套《そうとう》和尚が、たまたま堺の名刹南宗寺に住持していた関係で、紹鷗は彼のもとに参禅し、茶の心に一段と磨きをかけることができたし、加えてよき弟子たちに恵まれたことによって、紹鷗の茶の湯はいっそう深みを増すものとなった。茶の湯に採り入れられている茶道具や作法、茶の湯に対する考え方にも改善改良の工夫を加え、多くの作意を残したことは、紹鷗の「稽古と作意」として今日でも茶道に伝えられ光彩を放っている。

たとえば青竹をカットした蓋《ふた》置き、竹で編んだ花入れなどは、紹鷗の創作茶器であり、信楽《しがらき》や伊賀《いが》の石はぜを生かした水指を採用したのも紹鷗の発想だといわれ、「紹鷗信楽の水指」として天下に有名である。その水指の塗りものの替蓋を考案したのも紹鷗だった。

また、室町から桃山時代にかけて床壁にはきらびやかな絵模様を描いていたが、珠光はこれをただの紙張りにした。ところが紹鷗はこれをさらに一歩進めて、草庵の茶席にふさわしく土壁の床《とこ》にしてしまったのである。

雪の朝、床には花入れにただ水を張るだけで、花は生けなかったという。外の景色のほうが美しいからというのである。これなどは紹鷗の天才のひらめきを伝える有名な逸話である。

そしていま一つ決して忘れてはならない紹鷗のわび茶の業績は、珠光の四畳半の茶室（当時かこいとも呼ばれていた）を改良工夫し、さらに小さな三畳あるいは二畳半などの小座敷を考案したことである。彼のこの作意がやがて利休の待庵《たいあん》の二畳の茶室造りにも、大いに影響を与えたと思われる。

「茶の湯の仕様、習は古きを専《もっぱ》らに用ふべし、作意は新しきを専らとす」という「稽古と作意」の精神は紹鷗の身上である。だが『南方録』に、「古きを捨てず、新しきを求めず」という教えもあって矛盾するようだが、いずれもわびさびの茶の心でもあることを教えている。

先人の工夫の跡をつねに稽古し、「謹啓清寂」の心に徹し、磨きをかけることによって、新しい作意も生まれてくる。それこそが人生にこのうえない活力を与えるという武野紹鷗の茶の心こそ、骨太で、それでいて急所急所を衝いているだけでなく、自由奔放に作意工夫することの大切さをも教えている。その点でも今日に生きるわれわれにとって学ぶべきところは多々あると思うのだ。

解説——お茶のある幸せ、お茶の心が絆をつくる

角山　榮

著者の谷本陽蔵さんは堺の有名なお茶の老舗「つぼ市製茶本舗」の家に生まれました。生まれたときからお茶に取り囲まれた環境のなかで、お茶ひと筋の商いをしてこられた方です。しかしお茶の商売だけでなく、お茶一般についての研究・調査も活発にされていて、その調査範囲は広く世界各地・各国に及んでいて、大学教授並みの研究をしてこられた方です。

既にご承知のことと思いますが、お茶には緑茶、半発酵茶のウーロン茶、発酵茶の紅茶の三種があります。これら三種の調査研究といっても、お茶の本場は中国ですから、漢文の文献はもとより、お茶の現地調査に必要なのは中国語です。また紅茶及び紅茶圏の調査については、主として英語が必要です。それに緑茶についての日本語を入れると、三ヵ国語が必要といえましょう。といって、外国人も含め三ヵ国語を駆使できる人は、茶の分野においては、

それほど多くない、むしろきわめて少ないといってよいでしょう。谷本さんはその数少ないなかの一人です。まったく敬服に値する、頭の下がる貴重な方です。

それでは本書『お茶のある暮らし』の解説に移りますが、とりあえずつぎの三点に絞って申し上げたいと思います。

まず第一点は、精神文化としてのお茶です。お茶はこれから私たちの日常生活のなかで、ますます重要になってくると思います。谷本さんの言葉を借りますと、「日本人の長い歴史を通じてお茶が連綿として求められ、今日もなお親しまれているのは、お茶が日本人にある種の心のゆたかさを与えてくれるからである」。

顧みると、日本は一九六〇年代の高度経済成長期を通じ、日本の歴史始まって以来の経済発展によって、高度大衆消費社会を実現しました。そして確かに、経済的にゆたかな社会になりました。しかしその後日本人はほんとうに幸せになったかというと、早い話が、従来日本人を日本人らしくたらしめてきた文化的伝統を培《つちか》う団欒《だんらん》が、各家庭からいつのまにか消えていったし、いまもそれが続いているのです。家族団欒の場、すなわち茶の間が消えるということは、くつろぎのお茶、団欒のお茶のなかにあったほのぼのとした心のゆたかさを失うということになったのです。

二〇一一年三月十一日の東日本大震災の被害者の多くの方が、復興に際して、いちばん大切なものとして、心のゆたかさの絆を取り戻したいといっておられたのは、いまも強く心に残っています。

絆は家族の間だけではなく、職場や地域社会、あるいは趣味やスポーツをつうじての人と人との人間関係の深い結びつき、及びそこから生まれる互いの信頼関係、それが大切なのです。これからはこうした絆のなかに幸福の青い鳥を見出すことになると思います。その心はお茶の心、もてなしの心です。

本書の到達点は、人間は一人では人生を生きてゆけない、お互いに助け合いながら生きてゆくということ。本書のポイントもそこにあると思います。

つぎに本書の特徴の第二点としてあげられるのは、健康飲料としてのお茶、及び嗜好品としてのお茶の普及拡大に関する話です。

まず健康飲料としてのお茶ですが、お茶、とくに日本緑茶が全世界から注目されているのは、緑茶そのものに近年素晴しい薬用効果のあることが、科学的医療・薬学的研究によって明らかになったからです。「むかしからお茶をよく飲む人は長生きだといわれてきたが、緑茶の効用の数々が発見されることによって、しだいにお茶と長寿の神秘が実証されることを期待したい」と、谷本さんはいっておられます。

これから期待されるのは、長寿の時代です。そうであれば、現在の「白寿」を越える新しい目標が必要となります。いま注目されているのは、お茶が絡んだ「茶寿」一〇八歳です。健康飲料としてのおいしい日本緑茶を嗜《たしな》んで、みんなで「茶寿の国」日本を創ろうではありませんか。

つぎは嗜好品としてのお茶の普及です。

谷本さんにとってのお茶に対するあり方は、特定のお茶の礼儀作法にこだわる堅苦しいものではなく、ほんとうに自由で人それぞれ好きなように飲めばよいというお考えのようです。とはいうものの、自由放任のばらばらな状態ではなく、お茶のあり方として二つの流れがあるというのです。

一つは、高級茶を中心とした嗜好品としての茶、これを喫茶といいます。もう一つの茶は、敢えていえば飲茶というか、いわゆる日常生活のなかで気取らずに、何杯でも飲むことのできるお茶、まさに庶民の茶といってよいでしょう。

この二つの流れのうち、前者の方では、いままで嫁入り前の女性が、「行儀見習い」「花嫁修業」を兼ねて、お茶、お花を習う習慣がありました。しかし時代の流れといいますか、お茶も抹茶だけが高級なお茶、といった時代は過去のものになったのです。それに代わって、グローバルな交流とその影響のなかで、紅茶、中国茶、コーヒーのほか、健康食品として、あるいはファッション性の高い飲みものとしての茶も入ってきて、ますます飲茶の世界が拡大したのです。

こうした新しいお茶環境のなかで特徴的なのは、ここにはかつてのような「家元」がいないということです。谷本さんが、お茶は自由に、人それぞれ好きなように飲めばよいといわれるのは、そういう事情だけとはいいませんが、そういう環境の変化があったことは事実です。

ここで大切なことは、飲茶の素材がグローバル化し、多様化しただけではなく、お茶のソフト面というか、茶のこころの基本的ポイントは決して変わっていないばかりか、むしろ拡大したということです。主人が真心こめて自ら点てたお茶をお客に飲んで頂く、そのことによって人と人とのふれあいの輪が拡がり、絆が深くなるのです。

第三点は、地域社会活性化の情報発信源としての堺の茶の文化と、谷本さんの貢献と活躍についてです。

谷本さんは堺市生まれの堺市育ち、それに地元・堺の茶の歴史に詳しい商人・歴史家です。本書では都合上、「若き日の利休」と「利休の師、武野紹鷗」の二人の茶人に絞って掲載してありますが、この二人の堺商人は商人だからこそ、元来貴族・武士のものであった茶の湯を庶民の茶礼につくり変え、庶民生活の活性化に貢献したのです。ということは、谷本さん自身も同じく堺商人の一人として、利休や紹鷗のDNAの継承者という誇りにあやかりたいということかと思います。

最近では堺の茶の文化を世界に向けて発信するとともに、地域社会の活性化に貢献すべく、谷本さんは多忙な毎日を送っておられます。二〇〇七年には利休の菩提寺・海眼庵（現在は天慶院）の庭に山上宗二の墓として石塔が祀られました。山上宗二は堺の住人で利休の弟子ですが、秀吉を立腹させ惨刑に処せられたと伝えられています。谷本さんによれば全国を廻って宗二の墓を探したが、碑はあってもどこにも墓がないことが分かったので、地元・堺の天慶院に祀ることにしたということです。また宗二の回忌を契機として「堺衆文化の会」を立ちあげ、毎年天慶院において研究会が開かれているのです。

結びとしてひと言。お茶の文化が新しい風にのってグローバルに羽ばたく平和な時代の到来を期待したいと思います。

（つのやま さかえ／経済史）

平凡社ライブラリー　765

お茶《ちゃ》のある暮《く》らし

発行日…………2012年6月8日　初版第1刷

著者……………谷本陽蔵
発行者…………石川順一
発行所…………株式会社平凡社
〒101-0051　東京都千代田区神田神保町3-29
電話　東京(03)3230-6579[編集]
東京(03)3230-6572[営業]
振替　00180-0-29639

印刷・製本 ……株式会社東京印書館
DTP…………株式会社光進＋平凡社制作
装幀……………中垣信夫

ISBN978-4-582-76765-0
NDC 分類番号596.7
B6変型判（16.0cm）　総ページ268

平凡社ホームページ　http://www.heibonsha.co.jp/

鈴木俊幸……新版　蔦屋重三郎
橋口侯之介……和本入門――千年生きる書物の世界
橋口侯之介……江戸の本屋と本づくり――〈続〉和本入門
服部幸雄……大いなる小屋――江戸歌舞伎の祝祭空間
平松義郎……江戸の罪と罰
村井康彦……利休とその一族

【世界の歴史と文化】

白川　静……文字逍遥
白川　静……文字遊心
白川　静……漢字の世界1・2――中国文化の原点
一海知義……漢詩一日一首〈春〉
一海知義……漢詩一日一首〈夏〉
一海知義……漢詩一日一首〈秋〉
一海知義……漢詩一日一首〈冬〉
一海知義……史記
司馬　遷……史記列伝（全3巻）
川勝義雄……中国人の歴史意識

竹内照夫……………………四書五経入門——中国思想の形成と展開
アンリ・マスペロ……………道教
マルコ・ポーロ………………完訳 東方見聞録1・2
中村 元………………………釈尊の生涯
姜在彦…………………………増補新訂 朝鮮近代史
岡 百合子……………………中・高校生のための朝鮮・韓国の歴史
安宇植 編訳…………………増補 アリラン峠の旅人たち——聞き書 朝鮮民衆の世界
川北 稔………………………洒落者たちのイギリス史——騎士の国から紳士の国へ
角山 榮＋川北 稔 編………路地裏の大英帝国——イギリス都市生活史
H・フィンガレット……………孔子——聖としての世俗者
野村雅一………………………ボディランゲージを読む——身ぶり空間の文化
中野美代子……………………中国の青い鳥——シノロジー雑草譜
黄慧性＋石毛直道……………新版 韓国の食
三浦國雄………………………風水 中国人のトポス
佐藤 任………………………密教の神々——その文化史的考察
オマル・ハイヤーム＋岡田恵美子…ルバーイヤート
ヒュー・ジョンソン……………ワイン物語 上・中・下

【エッセイ・ノンフィクション】

竹田津 実……北海道野鳥記
竹田津 実……北海道動物記
伊藤比呂美＋上野千鶴子……のろとさにわ
J・コンラッド……海の想い出
陳 建民……さすらいの麻婆豆腐――陳さんの四川料理人生
石毛直道……鉄の胃袋中国漫遊
イザベラ・バード……日本奥地紀行
菅江真澄……菅江真澄遊覧記(全5巻)
白洲正子……花にもの思う春――白洲正子の新古今集
白洲正子……木――なまえ・かたち・たくみ
白洲正子……美は匠にあり
白洲正子……韋駄天夫人
白洲正子……美の遍歴
瀬戸内寂聴……京のみち――瀬戸内寂聴紀行文集一
瀬戸内寂聴……嵯峨野みち――瀬戸内寂聴紀行文集二
瀬戸内寂聴……仏のみち――瀬戸内寂聴紀行文集三

瀬戸内寂聴……巡礼みち――瀬戸内寂聴紀行文集四
瀬戸内寂聴……美のみち――瀬戸内寂聴紀行文集五
青柳いづみこ……青柳瑞穂の生涯――真贋のあわいに
M・F・K・フィッシャー……オイスターブック
陳　舜臣……神戸ものがたり
見田盛夫……メニューの読み方――うんちく・フランス料理
菅間誠之助……ワイン用語辞典
池波正太郎……そうざい料理帖　巻一・巻二
村井弦斎……台所重宝記
山本理顕……新編　住居論
山下悦子……きもの歳時記
五十嵐謙吉……新　歳時の博物誌I・II
秦　秀雄……やきものの鑑賞
嵐山光三郎……ごはん通
辻　信一……スロー・イズ・ビューティフル――遅さとしての文化
R・F・マーフィー……ボディ・サイレント
ダグラス・ラミス……経済成長がなければ私たちは豊かになれないのだろうか